ばさないBOOKS 3

死を想い　生を紡ぐ

「沖縄の死生観」論考とインタビュー

太田有紀

ボーダーインク

序文：憧れの土地に住むということ――ラフカディオ・ハーンと私

　学生時代に、東京都の南青山にある編集プロダクションでアルバイトをしていた事がある。新聞社やデザイン事務所への届け物や資料集めが私の主な仕事だったのだが、ときどき取材に同行させてもらえる事があった。その中でも、ある大学の教授にインタビューした時に聞いた話が今でも記憶に残っている。ちなみにその取材は、とある企業の会員向けの広報誌のためのもので、そのインタビューが掲載された号は「旅」というテーマで構成されることになっていた。

　その教授は比較文学・文化を専門に研究なさっており、最近は海外だけでなく、日本神話ゆかりの地に旅をする事も多くなり、自然に触れ、年齢を重ねるにつれて祈りや巡礼という事を意識するようになった、というのが記事の主な内容だった。しかし、私にとって印象的だったのはインタビューの冒頭で聞いた次のようなエピソードだった。

　「源氏物語」を初めて英訳した、日本古典文学の天才的な研究者であるアーサー・ウェイリー（1889〜1966）は、生涯日本の地を踏む事はなかったという。彼は同時代の日本語はほとんど読めなかったと言われているが、平安時代に書かれた「源氏物語」は今まで世界で書かれた二つか三つの大傑作のうちのひとつであるとして翻訳に取り組んだのである。彼によって英訳された「源氏物語」は、古代日本の社会や政治を知らない西洋人にも理解できるよう、適度な情報も付け加えながらの訳という形をとっている。その文体も非常に美しく優れており、現在でも傑作との評判が高い。勿論ウェイリーは日本からの招待を受けたが、それを彼は断った。日本を実際に訪れてしまえば、自分の中にある、理想化された「美しい日本」がこわれてしまうから、という理由で（ウェイリーを日本に呼ぼうとした小説家のフランシス・キング氏はこの顛末を、設定を変えた上で『異国の片隅』という小説にした）。

そのインタビューに同行した時、私は大学四年生で、その年頃の若者が皆そうであるように、卒業後の進路について悩んでいた。研究の対象としている沖縄をもっと深く知るために、かの地で職を得るか、または大学に残って研究を続けるか。

幼い頃、母の実家（石垣島・宮良）で過した夏休みの記憶は、大学生になった私に民俗学の扉を開かせた。長い夏期休暇には「フィールドワーク」と称して親戚の家で厄介になり、八重山諸島を彷徨した。私は八重山の、色鮮やかでいて重厚な祭祀空間や、あたたかく美しい空気そのものに魅入られた。神奈川県相模原市という、日本史にちらりとも名が出てこないような新しく開かれた土地に育った私にとって、古くから独自の歴史を育み、観光地として「沖縄」というブランド名を発信する力のある土地柄にも憧れを感じていた。

そして私は、自分の中の「美しい沖縄」がこわれてしまったとしても、実際に沖縄で生活することを選んだ。

しかし〝長寿と健康を育むウエルネスアイランド〟であるはずの沖縄県では、男性の自殺率や子供達の不登校の数字は少ないものではなく、全国の人々が美しい自然を求めてやって来るはずのこの島では海が汚れ、貴重な生物が危機に瀕していた。伝統文化が息づくはずのこの地では方言や芸能を意識的に「保存・保護」する活動が高まっていた。勿論、休みを利用して通った宮良村と、ビルが立ち並ぶ那覇の都市部では大きな違いがある。今までの自分が、沖縄のいい部分だけを見ようとしていた事も何となくわかっていたし、勝手な思い込みがあった事も気付いていたけれど、それでも私は混乱した。那覇で仕事を得て暮らし始めた私にとって、「沖縄」はまるで、ひらかれてしまった宝箱のように感じられた。

その混乱を抱えながら沖縄で生活し始めて三年の月日が流れようとしていた頃、日本に対してウェイリーとは正反対の行動を取った人物、小泉八雲を思い出す事が多くなった。

小泉八雲――ラフカディオ・ハーンは、日本に魅了され、かの地に息づく美しいもの、怪しいもの、かそけきものたちを描き続けた流浪の文筆家であり、同時に、近代化を推し進める「新しい日本」を嘆き悲しみながらも日本文化の基層を見つめ続けた文明批評家でもある。

ハーンは一八五〇年六月二七日、アイルランド人の父とギリシア人の母のもと、ギリシアのレフカス島に生まれた。ちなみに母のローザ・カシマチはアラブの血を引いていたと言われている。のちに八雲は、家族や友人たちにむかって、「自分には半分東洋の血が流れているから、日本の文化、芸術、風俗習慣などに接しても、肌でこれを感じ取ることができる」と自慢していたそうだ。

幼い頃に両親と離別し、養育者にも恵まれず、住む場所を転々としながら筆一本で日々の生計を立ててきたハーンが、長年憧れ続けた日本の地を踏んだのは一八九〇年四月の事である。長旅を続けてきた彼を迎えた、日本晴れの横浜港はハーンの青い目にこの上なく美しく映った。横浜、江ノ島、鎌倉、東京滞在の五ヶ月間、続く松江在住の一年三ヶ月間の間、日本という国は、まさに彼にとっての理想郷であった。ハーンは松江や出雲といった土地を、ギリシア——母が生まれた、暖かく美しい神話的な土地——と重ね、そこに神々の住む世界を見ていた。

しかし、ハーンと日本との蜜月は長くは続かなかった。一八九一年十一月、ハーンは冬の厳しい松江から熊本の第五高等学校に転任するのだが、移転後、その地から友人のチェンバレンに「幻想は崩れ去った」との手紙を送っている。その時代の熊本は近代化が進む軍事都市であり、ハーンは絶望にうちひしがれた。彼が愛した、古く、美しい、霊的な日本はそこにはなかった。

前出のアーサー・ウェイリーはのちにハーンに対して「日本を理解したことのない、救いがたいロマンチスト」と非難の言葉を向けているが、あるいはハーンも、そして私も、憧れの地以外の場所に住めば、美しい日本／沖縄だけを見ている事ができたのかもしれない。短絡的といわれても仕方のない事だが、私は熊本でのラフカディオ・ハーンと、那覇に居る自分の姿を重ねていた。

しかしハーンは絶望を抱えて日本を去ったのではない。一九〇四年に五四歳で亡くなるまで家族を養い、日本について書きつづけたのである。

近代化を進めていく日本を目の当たりにし、深く幻滅したハーンだったが、その時期を境に近代の日本を冷静に見つめるまなざしを持つようになる。『ラフカディオ・ハーン著作集』を編纂・翻訳し、ハーンについての著書も多い早稲田大学教授の池田雅之氏は、ハーンにとっての熊本時代を、生活者としての意識が強くなった頃でもあり、作家としても一番重要な時期であった、と位置付けている。伝統的な文化と、新しい社会へと進む潮流という二つの価値観の間でハーンは揺れ動き、やがて単に日本を礼賛するだけではない、広いパースペクティブを持つようになる。彼が愛した古く美しい日本の街並みや習俗が急激な西洋化によって損なわれていくのを悲しみながらも、これからの日本が新生の独立国家として国際社会に漕ぎ出していく原動力は、新しい日本の中にしかないことも認めるようになっていくのである。

ハーンを日本に引き寄せ、最後まで繋ぎとめていたものは何だったのだろうか。私達はその一端を、彼が晩年になって執筆した代表作『怪談』の中にうかがう事ができる。「雪女」や「耳なし芳一」で有名な『怪談』は主に、伴侶である節子夫人が語る昔話をハーンが作品化したものだが、それらは妖怪やお化けが登場する、ただの気味の悪い物語ではない。そこには、その当時の人々が持っていた自然への豊かな想像力や、人間同士の義理、細やかな愛情などの感情の機微が、再話という形を通して描かれている。もちろん日本人の信仰心や道徳、死者や神との関係は随筆やその他の論文調の作品にも多く描かれているが、特に『怪談』には物語という形を通してしか伝えることができない、深い情感があるように思われる。

池田雅之氏は、『怪談』に出てくる妖精やお化けは人間と人間、あるいは人間と自然の在りうべき姿を描くための「黒子」でさえあったのではないかと述べている。理想化していた像とは違う、変化し続ける日本の中にあっても、ハーンを最後まで日本にとどまらせたものは（家族をもち、生活の根をおろしていたということももちろんあるだろうが）、人々の生活の中にある独特の感情や風情など、物語を通してはじめて具現化されるようなものだったのではないだろうか。そして近代化・西洋化の道を突き進む日本に出会ったからこそ、簡単になくなりはしない、日本文化の基層にあるもの、人々の心の奥底に根付いているものについての観察眼も研ぎ澄まされていったのではないだろうか。

ところで八重山には、女性が集まって麻糸を紡いだ「ぶーつみやー」という場所があったと聞いたことがある。そこに集まって作業をしていた女性たちは、せっせと手を動かしながらも歌を歌ったり、世間話に花を咲かせたり、時には怪談の話をすることもあったそうだ。もしハーンが八重山を訪れることがあったならば、朝な夕なぶーつみやーに通いつめていたかもしれない。(ちなみに、琉球語の文法研究で成果を残したバジル・ホール・チェンバレンとハーンとの往復書簡の中で、チェンバレンが琉球について紹介した記述もある)

あるいは私も、一人一人の生活から紡ぎ出される話を聞くことができれば、沖縄諸島の文化の底に流れているものを感じ取ることができるかもしれない。祭祀・慣習の分析や統計的調査などの「研究結果」だけではわからない、今の沖縄に生きる人々の「暗黙知」のようなものを。沖縄には神の観念やそれを中心とした世界観など、日本文化の根っこの部分が残っていると言われている。そういった伝統的な文化や信仰が、現在どのような形で存在しているのか、またそれらははたして人々の「心のよりどころ」となり得ているのかを知るために、私は人々の語る物語を表すものとして「死生観」というテーマを設定した。

様々なものごとが科学的に説明され尽くしている現代において、私達が最もその意味に悩み、それを語る際に文化や信仰に頼らざるを得ないもののひとつが「死」ではないだろうか。

沖縄という場所で死が語られる時、そこにどんな物語がたちあらわれてくるのか。それを知ることは、古代の人が織りあげた美しく豊かな文化が、どれだけ私達の中に残されているかを知ることにもつながるだろう。

未だ混乱の中にいる私には「沖縄の死生観」ましてや「沖縄とはどういうところか」というような事はとても語ることはできない（だからといって、神奈川のそれを語ることもまともにできないのだが）。私にできるのは「現在、たまたま沖縄県に住んでいる、大勢の個人」がそれぞれの人生や価値観を持っているということを踏まえた上で、ひとりひとりの物語に丁寧に耳を傾けることだった。

結果的には七名の心ある方々のお話を伺うことができ、このことによって、少しは「沖縄の死生観」について語る言葉を持つことはできたかもしれないと思う。それが今回、世に送り出されることとなった。執筆を勧めて下さったボーダーインクの方々、そしてお話いただいた方々に心から感謝している。

思い返してみれば、私が沖縄に抗いがたい魅力を感じたのは、祭祀空間や、それを担っている人々の持つ世界観に触れた時だった。それと同時に、日常のふとした風景や仕草の中に「あちら側の世界」の存在をかいま見たときだった。それは後になって、古今の沖縄・日本の死生観の比較研究に繋がっていった。

私は、一番最初に私を引き寄せた、沖縄の引力を信じようと思う。そしてその吸引力を感じた自分を信じようと思う。ひらかれてしまった宝箱の底で、かすかにではあるが確かに光っているものを自分の手で確かめるのだ。

石垣島宮良の結願祭

目次

第一章
死の原風景を探る

宮良に咲く花と祭り

母の生家の庭には大きいブーゲンビリアの木があって、一年中花が咲き乱れている。いつ見ても濃いピンク色の花を枝いっぱいにつけていて、風が吹くと庭にばらばら散っている。陽射しの強い日などに、ブーゲンビリアの花の隙間から零れてくる光の下に一人で佇んでいると、何故か落ち着かず、ざわついたような気持ちになる事がある。自分でも何故だかわからないのだが、それはもしかすると、その花自身の造形的な魅力によるものなのかもしれない。あるいは、いくつかの印象的な出来事をその花の下で経験したからかもしれない。幼稚園の頃の夏休みも、大学時代に祭りを見に来た夜も、就職の挨拶に訪れた初春の朝もその花はあったのだ。そして祖父と曾祖母の葬儀の時も、ブーゲンビリアは鮮やかな色で咲いていた。

宮良は美しい村である。色鮮やかな花に囲まれたささやかな家々を、静謐で透明な朝日が包んでいる。宮良川の水は木々を潤し、宮良湾には穏やかな波が打ち寄せる。肌を焦がすように照り付ける太陽と、時折激しく打ち付ける雨は作物の実りをもたらす。畑をわたる風はやがて亀甲墓の傍らに咲く花を揺らす。牛や山羊が草を食み、公園では子供がボール遊びに興じている。昼間の熱が冷めやらぬうちに日が沈み、圧倒的な闇と静寂が訪れる。普段は静寂に包まれている集落だが、祭りの時期が近づくとシマの空気はにわかにさざめき始める。例えば盆にはアンガマやイタシキバラが行われる。

アンガマはグソー（彼の世）からやって来る精霊だという。今でこそ親しみを覚える老翁と老媼の面だが、小さい頃、甲高い声で話すその姿は少し気味が悪かった。大きな体躯をくねらせて歯をカタカタと鳴らす獅子も怖かった。

しかしイタシキバラにおいて行われる巻き踊りなどの唄や踊りは、今見ても、夢の中の出来事のように幻想的だ。涼やかな着物を着て、赤と紫の鉢巻を締めた老人達が、クバ扇[注1]をひらめかせ、リズムにのって回りながら踊る。

イタシキバラの語意ははっきりしないが、未だグソーに戻りきらない浮遊霊の祓いを目的とし、同時に盆の疲れを楽しく癒す、打ち上げ的な要素も合わせ持つ儀礼といえるだろう。宮良では、三日間も祖霊と一緒に過ごした盆の翌日は、気をしっかり持たないとショウマキ（精負け）してグショウに連れて行かれると伝えられていたそうだ。

半嶺家、仲宗根家、東成底家のトゥニムトゥ（宗家）をツカサ（神司）や村の有志、役員などがまわり、賑やかで親密な雰囲気の中に一時を過ごす。ヒツンガズニンブジャー（七月念仏歌）を歌って踊り、肴酒や余興を楽しみ、厳粛な中にもなごやかな雰囲気がその場を包む。東成底家では締めくくりとして獅子舞がある。トゥニムトゥをまわるのは、昔も今も宮良村の人々の精神的な支えであった事によると言われている。

宮良村では一七七一年の大津波（いわゆる「明和（八年）の大津波」）で人口の九割近くを失った。大津波によって流潰された村の復興再建に当たり人々は住居を移転し、また他の被害のなかった村から人口を分けてもらって村を再建することにした。その際に改めて、村はトニムトゥを心の支えとしてまとまり、共同体としての結束をもって歩んできた。

宮良には小浜島から二三〇人の人々が、彼らが行っていた儀礼とともにやって来た。宮良の豊年祭には、小浜島から伝わったと言われている儀礼があり、旧六月の豊年祭[注2]に行われているアカマタ・クロマタ[注3]儀礼がそれである。退屈ではあるが穏やかな夏の晩に突如現れた、巨大な赤と黒の面をつけた草装神[注4]に幼い私はただ恐怖を感じた。夕暮れがせまる中、広場で神の来訪が告げられると、肌が粟立つような期待と緊張感が空気中に満ちているのを感じる。

ざわざわ、と音をたてる草を纏い、噎せ返るようなその草いきれと共に、濃密な闇を縫って神々は現れる。大きな口にぎっしり並んだ歯と大きな目が、月光を受けて輝くのと呼応するように、村の人々の意気が際限なく高揚してゆくのが感じられる。棒を打ち鳴らし、我々にとって未知の言葉で家々毎に違った言祝ぎをなすニロウ[注5]からの神は、村中の家を回り終えると名残惜しそうに夜明け前に去ってゆく。今でも、このような夏の祭りの音色は私の遠い記憶を揺り動かす。

幼い頃の宮良での思い出といえば、それらのお祭りと葬式である。

宮良に住む祖父の葬式が、私が覚えている限り、初めて触れた「人の死」だった。私は祖父と一緒に過ごした夏休みを思い出して泣いた。その時私は五歳だったが、もう二度と祖父に会えない事はなんとなく解っていた。三々五々集まってくる人々と、風にそよそよ揺れる叢と、しんとした亀甲墓群。墓の小さい扉の向こうにぽっかりと空いた闇。それが、限られた体験の中での、私の「死」の原風景である。

葬儀業者の方が手際良く仕切る告別式に参列したり、四角い墓石が整然と並ぶ本土の墓地を見る時、何故かいつも宮良での葬式の風景を思い出す。その風景はまさに、死と生が交錯する場面として脳裏に焼き付いている。

西枕（イリマクラ）で寝かされた故人に門中（広い範囲の親族）や地域の人々が自然に語りかけている様子や、むっとする暑さの中、小学校の側の叢にある墓地に一週間通った事。近くの畑で山羊の鳴く声が聞こえた事。亀甲墓の前で重箱を広げ、皆で酒盛りをした事。墓の背後で高い幟がたなびいていた事など、様々な風景が「死」について思いをめぐらす度に私の中で再生される。

いつのことだったか忘れてしまったけれど、いずれ誰もが必ず死ぬのだ、という事に気付いてしまった時、たまらなく悲しかった。自分も、身近な人々も、例外なくいつか息絶えていくのだと思うと底知れぬ恐怖と不安で胸が張り裂けそうになった。

人間は誰しも多かれ少なかれ、先天的な動物的本能としての、死への不安を持っている。ある人はそれを宗教によって受け止めるのかもしれない。ある人は、死ねばそこで終わりなのだという唯物論的な思想に徹して死んでいくのかもしれない。

私が沖縄文化の世界観に惹かれるのは、幼い頃から脅かされ続けている「死」というもののの「わからなさ」を解明する手段としてなのかもしれない。死ぬと「自分」という存在はどうなるのか。死後の世界は存在するのか。身近な人との死別をどうやって受け止めれば良いのか。いつか、確実に死に捕らえられるならば、何故私達は生きているのか。

生と死をとりまく状況

世界中捜してみても、「死んだら何もない」と思っている民族や文化はめったにないといわれているが、最近の日本人の過半数はその例外中の例外にあたるだろう。しかし当然ながら「死んだら何もない」と信じれば、その「未知」の領域に対する不安ないし恐怖心は強まる。

また、医療技術が発達した時代に生まれたからこそ出現した、生命そのものを問い直す問題にも、我々は対峙せねばならなくなってきた。それは例えば脳死者からの臓器移植であったり、ターミナルケアや延命措置についての問題だったり、出生前診断の問題だったり、クローン技術の使用についての問題であったりする。

これらの問題を抱えながら、いくつかの要因が重層的に存在する場所に我々はたっている。アジアの一部であると同時に、アメリカの強い影響を受けていること。高度経済成長を経験し、情報化社会の渦中にあると同時に長い歴史と独特の文化の上にある社会であること。そして伝統的社会の崩壊を体験しながらも、いまだ新しい社会のあり方を模索している状況にあるということ。医療技術の目覚しい展開を見ながらも、新しく発生した生命倫理の問題の前に我々は佇んでいる。

「死」そのものをとりまく状況も変化しつつある。長い間ホスピスに関わられている柏木哲夫氏は現代の死のありようというものを以下のように定義づけている。

・家庭での死から病院での死へ（死を身近に体験する機会がなくなることで、死は自然に学ぶのではなく、意識して学ぶものとなった）
・交わりの死から孤独な死へ（死を看取る人のコミュニケーションが遠ざかりつつあり、集中治療室などでの死別が多くなっている）
・情緒的な死から科学的な死へ（病院での死が増えることで、死や、そのプロセスは医学的にのみ処理されるようになった）
・現実の死から劇化された死へ（現実の死は子供たちから遠ざけられ、彼らが目にする死は、ドラマなどの虚像の死が多くなっている）

近年、「死」への関心の高まりとともに、「死」について様々な角度から光を当てる本も数多く出版されている。現代ほど、我々ひとりひとりが自分の死生観を揺さぶられ、その答えを求める時代はなかったであろう。しかし、このような環境の変化のもと、万人が共有できる解答を導き出すことはほとんど不可能である。

私は、沖縄の伝統的な精神文化における生命観や世界観が、その答そのものにはならないとしても、自らの死生観を構築していく上での一つのよすがになるのではないだろうかと考えた。それが私自身の拠り所にしかならないとしても。

古い教えを見つめ直す、という事に関して、ローマ皇帝マルクス・アウレリウスの言葉をまとめなおし、世に送り出したマーク・フォステイター氏は、その著書の中で次のように書いている。

「私たちは、いにしえの教訓はもう時代遅れだと退け、新しい時代には新しい答えが必要なのだと思っていた。なるほど、それも一理かもしれない。しかし、新しい答えといっても、昔から伝わる貴重な教えを否定することで得られるものではなく、むしろそのほこりを振り払い、新しい経験に照らし合わせながら昔ながらの教えを見直すことで得られるものなのではないだろうか。その作業を通して、私たちは新たな発見に導かれるのではないだろうか。」（引用1）

そして私は意識的に宮良を訪れるようになり、大学を卒業するのと同時に、暫定的ではあるがひとつの研究（というにはお粗末かもしれないが）をまとめるに至った。

死を内在化させる文化——宮良の事例を中心に

まだ葬儀社や霊柩車が無かった頃、宮良で葬式を行う家は念仏鉦の音と女の鳴き声で満ち、龕を運ぶ葬式行列には墓に着くまで家族並びに近親者が続き、女達は悲しみのこもった泣き声で泣き続けたと言われている。人々は、このように悲しみを表すとともに、死を運んでくる悪霊の侵入を恐れ、葬式の時には各戸とも門に竹竿などを置いて厄払いとした。

どんな形であっても、葬送儀礼というものには、深い喪失感から生まれる「死者との関係を維持し続けたい」という願いと、「死霊（死そのもの）を遠ざけたい」という思いが並存している。そしてそれは死者を弔うものであると同時に、遺された者が死を受容していくプロセスの始まりでもある。宮良の事例を中心として、昔の人々がどのような習俗をもって「死」というものとつきあっていたのか考えてみたい。

魂の観念

沖縄の伝統的死生観の前提となるのが「マブイ、マブヤー、タマス」等の名称で呼ばれる「（霊）魂」の観念である。魂は人間の生存を可能たらしめている根源的な霊的存在とされている。その基本的性質として次の四項目が挙げられるだろう。

①人間の生命活動は魂によって維持されている
②魂は人間の身体から遊離・脱出する事があり《この状態を（マブイ落とし）という》、そうなると健康状態が脅かされるので、魂を身体に篭め直さねばならない《この仕草は（マブイ篭め）と言われる》
③死とは、魂が身体から永遠に脱落することをいう
④魂自体は不死・不滅である

近代医療が普及するまで、人間の出生には危険がつきまとい、病気になってもその原因が解らない事は多く、生も死も極めて不安定なものだった。この「魂」という観念は、生命そのものの不安定さを説明しており、人々はそのイメージを共有する事によってそれを納得していた

のであろう。また、魂の物語を共有する人々にとって、肉体的な死は完全なる消滅ではなく、魂にとっての「新しい段階への入り口」として存在しているといっていいだろう。

他界の存在

祖父と曾祖母の命日や親族に何か災いがある時、母の生家には、みみずくがやって来るという。宮良の人が言うにはそれは「祖先が子孫の様子を見にやってきた、または何かを知らせにきた」ということなのだそうである。勿論、自然科学的見地からすればただの偶然だと片付けることもできる。しかしその出来事を「先祖は鳥の姿を借りて此の世に現れる」という宮良の世界観の中で解釈する時、その出来事は、我々が祖先と触れ合う瞬間となる。

宮良の豊年祭に現れるアカマタクロマタの神は、家々を回って言祝ぎをなす際にその家に起きた出来事に沿った神謡を歌うのだが、葬儀から四九日を経過していない家では「海に出て行った船は帰ってくるが、野原に出て行った船は帰ってこない」という内容の歌を歌うという。この「野原」とは他界を指しているものと考えられる。

また、小浜島の盆に歌われる歌の中には、「親孝行をすると死んだ後、親や祖先の待つ場所へ行けるが、それをせずにいると、無限の闇に囲まれた、どこにも繋がっていない場所に独りきりで取り残される」という意味の歌がある。それらの伝承の基盤には「死後の世界」という他界のイメージを読み取る事ができる。

死後の世界の物語は、紛れもなく文化の産物であり、文化的な記憶の共有によって生まれてくるものである。それがどんなものであっても「あの世」についての具体的なイメージは、死んだら何が起こるのかある程度の予測を我々に与え、死と向かい合ったときに我々を導くガイドや地図のような役割を果たし、死に対する不安や親しい者の死という大きな欠落感を和らげる機能があると言えるだろう。

ただ、人々によって語られる他界の物語をひとつに収斂しようとしても、その概念は曖昧模糊としていてとても単純に定義付けられる種類のものではない。ここでは便宜的に「死後の世界」の概念の代表的なものとして「グソー」にまつわるものに絞って考えてみたい。

死後の世界

グソー（後生）とは仏教用語であり、死後の世界を指している。しかし琉球弧でいうグソーは、仏教の極楽浄土と全く同じ世界ではなく、この世とほとんど同じ生活をしているというイメージが混在しているようである。そのようなグソー観は、仏教思想が普及した後に成立したといわれている。喜舎場永珣は、「八重山の位牌祭祀は、一六七八年に宮良長重がもたらした」と記しているが、当初は位牌祭祀も形式的なものであった。その後、治者階級の人々が祖先祭祀を広めたが、それは主として農地を確保するためなどの政治的な理由からだった。しかし結果的に庶民の間に仏教や位牌祭祀が広まり、グソーという新しい死後の観念が生まれるようになったと思われる。

故人に関連する様々な民俗事象からは、触れられそうな程にリアリティのある、霊とその世界の存在が感じられる。墓には死者が生前使用していた草履が、そして賑やかに飾られた盆の仏壇の前には、死者があの世から帰ってくる際に使う為の杖としての砂糖黍と、供養する人数分の膳とが供えられる。死者は現世の遺族の招霊に応じ、清明祭や盆には毎年生家とグソーとを往来し、人々は故人と語らう。

八重山の盆はアンガマが行われる事が大きな特徴であるが、この祭りではグソーの物語が鮮やかに生き生きと語られる。アンガマはあの世から時を定めてやって来る祖霊の化身であると言われている。盆は祖先を歓迎しもてなすもので、アンガマ行事にはめでたい内容の歌舞が多くみられる。夕暮れになると翁（ウシュマイ）と媼（ンミー）が、花笠を被り手拭で顔を覆った「子孫（ファーマー）」数十名を引き連れ家々を訪れ、ぞろぞろと家に上がりこみ、演奏に合わせて舞い始める。翁と媼は木製の面を被り、クバの扇を持っている。ウシュマイは舞いの合間に人々に彼の世の物語を語って聞かせる。これはこの世の者との対話という形でなされ、盆やそれに付随する事物の由来のほかにも「今日はどうやってこの世へ来たのか？」、「彼の世へ行く時の心得は？」等ユーモラスなものでもある。沖縄県立芸術大学教授である波照間永吉氏の「南島祭祀歌謡の研究」という大著の中に、アンガマで行なわれる歌舞だけでなく、観客との問答を記録・分析した部分がある。その中で氏は、アンガマという行事の基調となる思想は、祖先崇拝や孝行を強調し、世人を教え導くという点にあるとし、同時に行事そのものが説話や昔話などの村落伝承の機関となっていると述べている。また、巧みな言語表現による笑いの中にありつつも、その問答は完全な即興ではなく一定の枠付けがなされており、それは次のような点に集中しているという。(引用2)

・「後生(グソー)の文物に関する問答」
・「八重山の葬送習俗・法事及び葬具に関する問答」
・「盆行事に関わる書事物の由来の問答」
・「アンガマ及び翁・媼に関する問答」

以上のような「他界」にまつわる物語を共有することにより、祖先を敬う気持ちが生まれると同時に、死は完全なる消滅ではなく、自分より先に死んだ者と再会できるのだ、という期待を抱くこともできるのではないだろうか。この世に受けた生を終えても自己の存在は魂という形で存在し続けると考えれば、死に対する恐怖感・不安感も和らぐであろう。

しかし、臨床心理士である藤田みさお氏によれば、確かに「来世を信じることでやわらぐ死の不安とは、おもに『自己の存在が消滅することへの恐怖』と『死がまったく未知であるということに感じる不安』であると思われる」が、「それで死の不安のすべてがなくなるわけでは決してない」（引用3）という。確かに、つい先刻まで生命活動を続けていた者の肉体が消滅へと向かい、もう二度とその身体に触れる事もその声を聞く事もできないのだという、死に対峙した時に我々の中に沸き起こる一次的な感情を、他界の物語だけで人間は納得できるものではないだろう。

死の実感

今でもほとんどの場合、葬送儀礼はそれぞれの文化においての「他界」においての道行きを想定して行われる。しかし遺体に対する実際的な処置は医療者・葬儀社によって行われる事が一般的になり、遺族でさえも身内の遺体に触れる機会は減少している。葬儀業や火葬などの埋葬のシステムが確立されていなかった頃、死者の亡骸を処遇するのは当然ながら、遺された近しい者達だった。埋葬方法の選択肢を含め、葬儀の在り方が多様化すると共に、献体、移植の可能性が出現するなど死後の身体の行き先が多岐にわたるようになった現代だからこそ、身体というものが持つ意味について私達は意識的に考えねばなるまい。

現在ではほぼ全域が火葬に改められつつあるが、八重山諸島の一部では洗骨やダビワーなど、独特の埋葬慣習、あるいはその片鱗が残っている。洗骨とは、墓内等に遺骸を保存するシルヒラシ（汁減らし）の期間を経て白骨化した遺骨を洗い清め、改めて骨壷に納めるというものである。またダビワー（茶毘豚）とは五〇歳以上で老衰等の「自然な死」を迎えた死者の身体を煮て食べたといわれるものだが、実際に文字通りの行為を行っていたかは不明である。宮良でも「〇〇さんの葬式に行く」という事を「〇〇さんを食べに行く」と言い表したという伝承があるが、確実なのは「そういう言い方をした」という記録が存在する、という事実のみである。

このような遺体との付き合い方は、現在の我々の社会通念からすると、抵抗を感じないとは言えない。しかしこれらの風習を表面のみから捉え、「野蛮なもの」として安易に片付ける事は出来まい。

大林太良氏はメラネシアやアフリカ、南米、東（南）アジアなどの栽培民文化における同様の風習に触れ、その根底にあると思われる感情について次のように指摘している。「葬制としての族内食人俗こそは、死者と生者とが密接な関係を維持しようとする努力の現れである。〈中略〉死体は生者の血となり肉となって保存されるのだ。だから、族内食人俗は、死者への恐怖よりもむしろ死者への愛情の発露である。」（引用４）遺骸の骨化は、言ってみればマブイの拠り所の消滅であり死の完了である。明らかに腐敗してゆく遺骸の姿を目にし、死を確認すると共に人々は霊魂の慰撫に努めた。あるいは骨を洗うという具体的な仕草は徹底的な魂の浄化により死穢を消滅せしめようとする意図を感じさせる。

ダビワーや骨噛みは、人々は死者のマブイを外の世界へ追いやるのではなく、直接的な方法で自分達の生命の内部に生かし続けようとする意図の表れと言えるかもしれない。宮良ではその他にも、葬儀の後、子供や孫に対して「魂分け」をする習慣があったそうだ。具体的にはブー(麻糸のもととなる繊維)をねじって七つの結び目をつくり(あの世へは七つの川をわたることから)、輪にして身につけるというものである。

死という出来事を物語によって包むだけはなく、目に見える身体的な方法で死を確実に生へと繋ごうとするこれらの行動は、生者にとって他の如何なるものでも慰められない絶望としての死を、生きる糧へと還元しようとする努力であると言えるだろう。

洗骨やダビワーの習慣を持つ人々は遺体と真正面から対峙する事を余儀なくされる。魂の容器が醜い様変わりを遂げる様子を目の当たりにし、それに自ら触れる事は自己の内部に存在する死(者)を意識化させ、他界の物語はそれらを暮らしの中に溶け込ませる。その精神を学ぶ(あるいは思い出す)事は、現代社会に生きる我々にとって大きな意味を持ち得るだろう。

葬送儀礼が持つ役割

私の祖父の世代が若い頃は、宮良部落でも遺体を焼かずに亀甲墓に納めていたと聞いた事がある。集落からそう離れていない墓場からは、時折、死者の腹部の破裂音が聴こえたそうだ。

夜が濃い闇と静寂に包まれていた頃、死者の存在を意識する事はどれだけ恐ろしかった事だろう。人々は、死者に対して抗い様の無い恐怖感を持ち、その魂を慰め、他界に落ち着かせ、生者と良好な関係を結ぶ為の様々な儀礼を行った。

死者の親族は、属する文化のしきたりにのっとり、血縁者を失ったということの確認と、生者と死者の分離を行う。そして、その過程を進めていきながら、人々は自分が生まれてきた由来とでもいうようなもの、自分の生命や存在の位置付けを血縁関係の中に見出していく。同時に、死者を出した家のもの自身と親族、また彼らを中心として村の共同性を強めていく。

葬送儀礼は、「生」の場としての共同体の中から外へと死者を送り出す儀礼だったといえる。その死者が落ち着く場所として、海や山などの場がそれぞれの文化の中で設定されているが、この世と彼の世は隔絶された場所にある必要はなく、盆などの決められた日に迎え入れることも可能であり、かつ、思った時に死者と生者の交流も可能だと考えられていたようだ。死者は、生者が暮らす空間の外に位置付けられ、そこで安住していると考えられていたのである。生者の間にこのような考え方が共通のものとしてあった時、葬送儀礼を行う行為自体が成員を失った共同体の人々の悲しみを深めると同時に、悲しみを鎮める装置として働いていたのだろう。

死は我々に容赦なく、確実に訪れる。しかしそれは本来、永久の破局でも絶望でもない。人間は死者や祖霊と無意識にではあっても、密接に繋がっているのだ。沖縄の、そしてもしかすると日本人の死の受容というものは、祭りを通して物語られる他界の存在や、身体的なしぐさによるものなのかもしれない。それは言語化されない、柔らかで感覚的な過程をたどる、死の内在化の思想とも言えるであろう。
　葬送の実務を共同体が行っていた時代は、近親者は死者との別れの時間をゆっくりもつことができていた。現在の一般的な死の風景においては、病院関係者や葬儀業者でなければ遺体に触れる事は少なく、我々が死者との身体的な繋がりを我々が感じる事は困難である。しかし近年、親族を中心とした遺族の手により新しい葬儀の形がとられる事も稀ではなくなってきた(密葬・お別れ会・偲ぶ会など)。これは私達が死者を共同体の外へ生者の手で、納得をもって送り出すこと、そして「死」そのものを取り戻そうとしていることの、ひとつのあらわれなのかもしれない。

　今まで見てきた、宮良などに伝わる伝承・風習の中では、素朴ながら身近な生活の中の信仰によって、死を受容してきた伝統があったと言えるだろう。しかしこうした観念は、念入りな死者儀礼や祭祀を通して表現されており、平明な言語表現によって残されてはいない。これらの事象を、私達はどう解釈しなおしていけばよいのだろうか。他界の物語を語る想像力や、死というものを体で受け止める力を、我々はまだ持ち合わせているのだろうか？

1999年8月　宮良のイタシキバラ（撮影　筆者）

第二章　インタビュー

死を想い生を紡ぐ

「でもときどき不思議に思うのだけど、都市のまんなかで息をひきとった人々はどのような道筋を辿って死者の国へと向かうのだろう？　彼らはビルの影をそっとつたい、地下鉄軌道の闇にまぎれ、あるいは雨水とともに下水道にもぐって、音もなく都市を横切っていくのだろうか？　僕にはよくわからない。しかし僕は今でもあの老人のことばを思い出しながら、地下鉄の車両の一番前に立って後にたぐりよせられていく闇をじっと眺めていることがある。」

（村上春樹「夏の闇」『ランゲルハンス島の午後』より
１９８６年光文社）

あの世への想像力　芸能と文化

相模原で生活していたころ、盆踊りの太鼓の音が聴こえると、はやる気持ちで浴衣を着せてもらい、いそいそと出かけたものだった。普段は明るいうちしか会えない友達と、夜に会うのは少し不思議な感じがして、何故かそわそわした気分になった。独特の調子をとった曲が流れ、提灯のぼんやりとした明かりに照らされて、踊りの輪の中に入ってぐるぐる回りつづけていると、隣で踊っているのは本当に自分の知っている人なのかと不安になることがあった。一説によれば、輪になって踊る盆踊りは、亡くなった人がいつのまにか輪に混じって踊っている、という事を想像して構築されたものだという。

私が生まれ育った土地の盆と、沖縄の各地で行われる盆は様々な点が異なっているが、最も興味を惹かれる点は、その時期ならではの芸能である。主なものとして、沖縄本島ではエイサー、石垣島ではアンガマが催される。今や沖縄を代表する舞踊となった感のあるエイサーは、一年を通して様々な場面で踊られているが、やはり旧盆の夜に街角で出会うエイサーには特別の風情がある。

アンガマは基本的に盆の時期にしか踊られず、ニンブチャーと呼ばれる念仏歌もその時期以外には忌まれるのだという。幼い頃に石垣島で出会ったアンガマの面はそこはかとなく気味の悪いものに思われた。しかもアンガマは彼の世からやってきた精霊である。半月型の目と口は、造形的には微笑んでいる様子を表しているのだろうが、そこからのぞく闇は私の不安をかきたてた。

盆踊りには、心がざわめき立つような魅力と、生きている者と死んだ者の存在を隔てる境界線をあやふやにする魔力が宿っている。お盆になると決まって設定される、それぞれの文化の中での舞台装置は、見えないものに対する私達の想像力をひととき目覚めさせるのだ。

さて、盆などの祭事にまつわるものだけでなく、沖縄諸島には多くの芸能が継承され、現在も多くの場所で演じられている。他の地域に較べれば、レベルの差こそあれ、芸能に関わりを持つ人口は多い。その地域だけに独自に存在する豊かな芸能があり、それに幼い頃から触れることができる、または自分自身が演じることができる環境は、文化的にとても恵まれた事であるように思われる。

新しく作られた町で育った私達と違って、芸能がさかんな地域の人々は、伝統文化についての意識も高く知識も豊富で、信仰心とよばれるようなものについても、みんながそれを強く共有しているのではないかと思っていた。しかし、実際に沖縄で生活を始め、特に同世代の人々と接するうちに、そのように一筋縄ではいかないのだ、と思うようになった。みんながエイサーやアンガマの踊り手を経験している訳ではなかったし、マブイグミ（落ちてしまったまぶいを体にこめる儀式）をすることができる訳ではなかった。みんなが伝統芸能に造詣が深く、土地の神や祖先への信仰に篤いわけではないのだ。

確かに、伝統芸能を継承していこうという機運は高い。担い手の養成とともに、文化保存のための様々な事業も展開しつつある。少なくとも、現在存在する舞踊や歌謡の多くの「形態」は確実に記録伝達はされるだろう。しかし人々が芸能にこめた思いや、芸能そのものに宿る精神はどうなっていくのかはわからない（あるいは新しい意味が付加されていくのだろうか）。また個人差こそあれ、祖先のいる世界や魂との距離が遠くなってきていることは、身近な人や自分の死に臨んだ時、何か影響を及ぼすかもしれない。「あの世」の存在の確かさによって、人々は死を受けとめている側面もあったからである。そしてそのイメージは、生活圏を同じくする人々が共有しているものでもあった。

実際に、それぞれの姿勢で芸能に関わっておられる方々に、地域文化や伝統的な信仰についてお話をうかがった。上里珠美さん、岡山格さん、関戸塩さんは※八重山芸能研究会というサークルに属していた方々であり、田場盛久さんは沖縄本島において芸能活動に打ち込んできた方である。結果としてその方自身にとっての芸能というものの存在、また、それを育んだ土地の精神文化について多角的にお話を聞くことができたと思う。

※八重山芸能研究会について

石垣島を含む八重山諸島は、沖縄県内でも「歌と芸能の島」として名高いが、琉球大学の部活動の中にも八重山諸島に密着した活動を続ける八重山芸能研究会（通称：八重芸）というサークルがある。一九六七年に「八重山民謡同好会」として発足し、今年で創立三六周年となる同研究会は、創立以来一貫して八重山の伝統芸能の発掘・保存・継承・紹介という活動を続けている。毎年夏休みには八重山の島々を廻り、古くから伝わる地元の芸能を直に習うと同時に離島で合宿を行い、その成果を毎年舞台で発表している。彼等の若いエネルギーに溢れる舞台は観客に爽やかな感動をあたえてくれる。

二〇〇二年一二月二一日、宜野湾市民会館で初めて同研究会の発表会を拝見させていただいた。第一部は赤馬節の斉唱から始まり、歌そのものや笛の音をじっくり聞かせる内容で、第二部は小浜島に伝わる「ダードゥーダー」で幕をあけ、布を織る過程で歌われる歌を雰囲気たっぷりに聞かせ、浜遊びの芸能では舞台の盛り上がりは最高潮に達した。八重山芸能の多面的な魅力が満載の舞台で、みんないきいきした顔をしていた。私にとって少なからず意外だったのは、サークルの構成員のうち、沖縄県出身の方は多くなく、半分以上が本土出身の方であった事である。昨今、琉球大学を構成する学生は沖縄県出身者だけでなく本土出身者も少なくないが、そうした事を考えても本土出身者が多いことには驚かされた。今回お話を伺う事のできた、八重芸出身の三名のうちお一人も東京都の出身である。日本の大学の中でも、一つの地域の芸能に、県外出身者までもがここまでひたむきに取り組み、地元にも認知されているサークルはそう多くはないのではないだろうか。やはり八重山の芸能には、人を惹きつけてやまない魅力があるのだと思う。

また、その他二人の方は石垣島出身であったが、八重山諸島と沖縄本島においてのさまざまな点での違いについても認識が深まった。八重山に住む方が沖縄本島に行く場合などには「沖縄に行く」と言うことがあり、時々耳にしてはいたものの、私が意識していた以上に「沖縄（本島）」と「八重山」には文化的差異があるようである。お二人が「沖縄（の人）」とおっしゃる度に、沖縄・あるいは八重山（の文化）というカテゴリーは慎重に使用しなければならないと思わされた。

また、この三名の方々のお話からは図らずも、東京などを中心とした都市圏と、沖縄本島、そして八重山に住む人が共通して抱えているものやそうでないものと同時に、一つの地域内での個人の意識の違いなどが浮かびあがってきた。もちろん、八重山という地域や芸能への思い入れ、八重芸というサークルの楽しさ・やりがいなども伝わると思う。

インタビューI

上里珠美（一九七五年生まれ）

「死ぬっていうことも、いつかはそうなるものだっていうこと」

上里珠美さんは石垣市登野城の出身。高校卒業後は沖縄本島に移り琉球大学に入学、八重山芸能研究会で活躍なさった。石垣島にいる間は、早くこの島を出て他の世界を見てみたいという思いがあったそうだが、石垣を離れ、さらに八重芸で活動することによって改めて石垣島の良さも確認できたという。現在は心理士の資格を生かして、那覇市内にある心療内科のクリニックでカウンセリングのお仕事をなさっている。石垣島で、身近なお年寄りの「死」に触れた事や、沖縄の社会における心のケアのありようについて伺った。

――カウンセリングのお仕事で特に大変なのはどういう部分ですか。

今は心療内科のクリニックでカウンセリングの仕事をしていますが、以前は教育相談員として、石垣島の学校でスクールカウンセラーをやっていました。学校では学校生活の話が中心だったけど、今は様々なストレスで体の不調を訴える人達がいらっしゃるので、全然違う大変さがあります。やっと少し慣れたところで、まだまだ見習いなんですけど、患者さんが「来て良かった」と言ってくれると「私みたいな者でもやっていてよかった」って思いますね。

沖縄もそうですけど、日本では「心療内科」とかに相談に行くという事がまだまだ一般的ではないんです。患者さんの中にも「家族には、ここ（クリニック）に来ていることを言ってないんです」っておっしゃる方も多いですね。隠している訳じゃないけど、言わないほうがいいのかな、って思うらしくて。私達がいる心療内科も、普通の内科のように、調子が悪くなったら来ていい所なのに、やっぱり敬遠する風潮があるみたいで。患者さん自身が何かしらの先入観をもっていらっしゃって「意外と普通ですね」って言われたりしますよ。昔は精神科と内科の中間がなかったし、年輩の方は、精神科のイメージが特に強いみたいで、本人が若い方でもご両親に言いづらい場合があるようですね。本土の方では「ストレス外来」というものもできて定着しつつあるみたいですが。精神的なストレスのことを、よく「心の風邪」って言ったりするんですけど、少しずつ社会的認識が浸透しつつある事自体はいいことだと思います。でも、昔の人にもストレスはあったはずなのに、特別に心の悩みを解消するクリニックとかはなかったんですよね。どうやって解消していたんでしょうね。

――沖縄では、心配事があったり具合が悪くなった時、ユタにみてもらう方もいらっしゃると聞いていますが、上里さんがやっていらっしゃるカウンセリングとの住み分けみたいなものが存在するのでしょうか。

私にはよくわからないんですが、ユタに相談して安心を得る、ということがその人にとっての安心材料になるのであればそれはいいと思います。その人が何によって楽になるか、吐き出せるか、というのは個人によって違いますからね。私もその人の気持ちが楽になるようにお手伝いをしているわけだし。

八重山の実家にいる両親はそこまではないですけど、ばあちゃんは少しユタの言うこととかも気になるみたいですね。でも、ユタに頼る人っていうのは沖縄本島のほうが多いし、気持ち的にも強いような気がしますね。年輩の方は特に。宗教という感じではないんだけど、ユタとか祖先崇拝を信じる気持ちが強いのかもしれないですね。本島でよく言う、交通事故でマブイを落として……とかいう話も、石垣島にいるときには聞かなかったですね。

――八重山ももちろんそうですが、沖縄という所は、人と人との結びつきや、助け合いの気持ちが強い土地と言われる事が多いように思います。人の輪によって人は安心感を感じることもできるし、その一方でストレスを感じるのも人間関係からですよね。

同じ人間関係のなかにあって、自分自身が同じ状態にあっても、ストレスを感じるか感じないかはその人の性格によるものですね。その人がこれまで生きてきた環境や体験によって形成された性格。自分にとっては「なんでこんなことで傷つくんだろう」って思える事でも、その人にとってはすごくきつい事もあるんですよね。だから簡単に「気にするな」なんて言えないんです。しんどい事を、周りの人に少しでも吐き出すことができれば少しは楽になるんですけど。人間関係の中でストレスも起きるし、逆にその中で癒されることもあるから、身の回りに、どれだけ自分の事を理解してくれる、とまではいかなくても、自分を認めてくれる人がいるかいないかではだいぶ違うでしょうね。それが友達でも兄弟でも親でも。それで、その出来事をすぐに話したほうが楽なんです。時間がたってしまうとその間に色々考えるし、その事が大きくなってしまうんですよね。

――私は相模原という所で育ったんですが、八重山ほどには、近所づきあいというものが濃いところではないんです。今はもう慣れたんですが、たまに宮良に行くと、狭い地域に強いむすびつきがあって、血の繋がっている方々がたくさん住んでいて、少しとまどう事もありました。

八重山の人間関係って結構濃いところもあるから、それがあわない、ヘビーだと思う人もいるでしょうね。私達は生まれた時からそんな感じでみんながつきあっているところにいるから、それが普通だけど。サークルの子が実家の方に来た時、まわりが知り合いばかりであることに驚いていたから、本島よりも濃いんでしょうね。そんなに深くない知り合いにも声をかけるのが普通だから、そう感じたのかもしれないけど。でもそれを嫌だと思ったことはないです。育った実家と両親の実家も近いし、よく行き来していました。近所にそうやって親戚や友達がたくさん住んでいたことで、お付き合いのけじめもきちんとしなきゃ、と自然に思うようになったし、そういうのが当たり前だと思ってますし。まあ、いつ結婚するの？　とか聞かれるのは余計な世話だと思いますけど。ハハハハ。

近所の友達も、小中高と一緒で育っている子が多いし、お互いの家族のことも結構知っているんですよね。友達のお母さんでも自分のお母さんのような感じがするし。だから、結婚式にもお世話になった方や友達を呼びたい、ということになって人数が多くなってしまうんですよね。石垣で最大のホテルも三二〇人ぐらいで最大収容数なのかな。ぎゅうぎゅうになっちゃいますけど。芸能人の結婚式みたいですよね。冠婚葬祭はみんなで一緒に祝って悲しむんです。

喜びも悲しみも分かち合うということで。

――結婚式もそうなんですが、石垣島ではお葬式や法事も近所の方や親戚の方が大勢来ているな、という印象が強かったんです。神奈川のほうでは、新聞の黒枠広告という形で誰かが亡くなったのを知るということは一般的ではなくて、電話連絡などで知る事が多いです。お葬式にしても、大部分を業者の方がとりしきってくださることが多いようです。

知り合いが亡くなるとやっぱりお手伝いに行きますね。親の代から上の方は、必ず新聞は黒枠広告から見ますしね。お葬式っていうのも近所付き合いの一環なんですよね。だからすごい人数が来るし。みんなで見送ってあげようということだと思います。

私のひいおばあちゃんは老衰で亡くなったんです。長生きだったから、お葬式の時はお墓に赤い旗を立てて紅白饅頭を配って、大人の人がたくさんきてお酒も飲んでいました。

しばらく病院に入院していたんだけど、かなり体も弱ってきてるし、病院で最後を迎えさせるのはいやだね、といって家に連れて帰ってきたんです。ひいおばあちゃんがずっと暮らしていた家で、みんなで見送ろうということで。

私は小学校一年か幼稚園くらいだったんだけど、その時の事を少し覚えているんです。八月で夏休みだったから、みんなおばあちゃんの家に集まっていて、私は従兄弟の兄ちゃんたちと遊んでいたら、おじさんが「はいはい、みんな来て来て。おばあちゃんはやがてあの世に行くよ」って呼びにきたんです。みんなでその部屋に行ったんだけど、おばあちゃんは寝ているだけだし、何が起こったかよくわからないんですよ。穏やかな顔だったから寝ているようにしか見えなかった。それで「おばあちゃんにさよなら言おうね、みんなのこと見守っていてね、ってお祈りしようね」って言われてみんなでおばあちゃんを囲みました。それで、劇的になにかが変わるのかと思ったけど別に何も変わらない。だから「ばあちゃんはあの世へ行ったんだよ」って言われても「ふーん」と思っただけで。それで体を拭いて着物をきせるのを手伝って、お酒を唇にふくませてあげて、口紅をひいてあげて……。それでもまだ眠っているみたいに見えて、これからも会えるようにしか思えなかったですね。そのうちに人がたくさん来て、火葬場に行って骨を集めてお墓におさめました。家に帰ってきたら壁に写真がかけてあって「今日からばあちゃんはここにいて、ここからみんなを見ているからね。居なくなった訳じゃないんだよ」って言われたんです。

私が小学校の間だけでも、ひいおばあちゃんの他に身近なお年寄りが何人か亡くなって、そういうことも何回か経験したんです。だから死ぬっていうことも、身近といったら変だけど、いつかはそうなるんだっていうのはあったかもしれないですね。

「私がお墓に入っても、こうやってみんなが会いに来てくれる」

――沖縄も結構そうなんですが、石垣島では人が住んでいる所と墓地というのがすごく近いですね。宮良でも、畑が広がっている風景の中に亀甲墓がずらっと並んでいて、首都圏などでのいわゆる「墓地」とはだいぶイメージが違うような気がします。

そうですね。お墓は結構近いところにありましたね。家の近くに墓があるっていうのはまあ、あまり気持ちのいいものではないかもしれないけど、幽霊が出るとか、怖いとかそういう感じはなかったです。すぐに行ったり来たりもできるし、そういう意味では身近ですね。正月とか十六日祭とかお盆とか、行く機会も多いし。十六日祭のときなんかは学校も休みになって、近くに同級生も来ていて、お墓に登ったりして遊んでいましたね。普段は「お墓に登っちゃだめ」って言われるけど「今日はあんたたちがきて賑やかな声を出した方が、中にいる人達も喜ぶよ」って言われたりして。みんなでお重をひろげてごちそうを食べるのも楽しかったですね。

――私の生まれた所では、墓地で近所の人と会ったりご飯を食べる、というような事はたぶん考えられないですね。古くから続いているお祭りにみんなで参加する、という事自体も八重山や沖縄ほどにはなかったんです。盆踊りや秋祭りはあったけど、それはあくまでも地域の親睦を深める行事という性格が強くて、みんなが同じ宗教的なイメージを共有していたかというと、たぶんそうではないと思う。だから石垣島で見たお祭りは、そのぶん強烈な印象が残りました。

石垣には、小さい頃から村の神様とか、祖先とかというものに関しては、聞かされるだけじゃなくて、身近に存在しているような雰囲気がありますね。お祭りなどを通して、五感で体に染み込んでいる部分はあるでしょうね。

島の祭りっていうのは、特別な行事というよりは生活の一部ですね。すごく身近にあって意識してもいませんでした。もうすぐ十六日祭だなー、豊年祭だなー、とか。沖縄（本島）にきてはじめて「あー、この祭りって結構特別なものだったんだな」って思うこともありましたね。でも、竹富島とかに行ったりすると、登野城あたりの地域よりも「芸能や文化をしっかり守って伝えていこう」という意識が高いなって思うんです。街並み保存とかも徹底していて。アカマタ・クロマタの儀礼も何度か見たんですけど「写真を撮るな」とか、おとなしく見なさいっていう決まりとかがあって厳しいですよね。実際に見るまではそういう規律にびくびくしていたんですけど、でも、そこまでしてでも見る価値のあるものだと思いました。逆に、そこまでしないと、昔のものに近い形で文化を守り続けていくのは難しいのかもしれないですね。今はいろんなモノや情報がどんどん島に入ってくるし。

――昔の人だったら、村の神様や祖先というものを、お祭りに参加する事で確かめ合って、それを純粋に信じることができたかもしれないけれど、今の若い人の意識はどうなっていると思いますか。

芸能そのものはだいぶ盛んになってきているんです。今の石垣の高校牛達は、芸能を一生懸命やっていますね。島にも活躍の場が増えていて、海開きや公民館の催しに呼ばれて披露したりしています。当然、地域のお祭りでも踊ったりしています。私の実家は登野城なんですが、アンガマには出たことがないんです。私になんてお呼びがかからないくらい、いっぱい踊り手がいるからなんでしょうね。

でも、昔に比べれば当然だけど、神様や先祖が、というのは少しは薄れてはきているのかな。でも、周りに真剣な大人達がいれば、将来は自分達がやっていくんだ、という意識がでてくるのかもしれない。今は形だけだったとしても、いつか心も伴っていくというか、自分達が守っていく立場になれば自覚的になっていくのかな。親たちの一生懸命な姿をみていろいろ感じるところもあるし。

私自身について言えば、自分が直接知っている亡くなった人、ひいばあちゃんとかに対しては「見守っていて欲しい」っていうのも、頭でもわかるし感覚的にもなんとなくある。でもそれ以上世代が上になっちゃうと、頭ではわかっていても、感覚としてはちょっと。ひいばあちゃんまでは記憶があるから、お盆やお正月に「今年も元気に暮らせたよ、ありがとうね」っていう思いはある。それ以上はいくら写真があったりしてもちょっとイメージできないですね。

――自分や自分の身の回りの人の死を受け入れる際に、死後のイメージを持っているというのはひとつの慰めになるのではないかと考えているのですが、上里さん自身はどうですか。

死んだあとの世界といわれてもさすがにピンとはこないですけど、亡くなったとしても、そうやって、じいちゃんやばあちゃんがお墓の中で眠っているというのを聞いているし、実際にお墓に入っていくのも見ているから、私はうちの墓には入らないとしても、お墓に入ってもこうやってみんなが会いに来てくれるんだな、って思ったことはありますよ。家にもこうやって写真を飾ってくれるんだな、とか。隣に誰が並ぶんだろう、とか。そのうちお父さんやお母さんもこの写真の列に並ぶんだな、とか、そういう風には思ったことはあります。でも、それはもちろん今すぐだとは思っていないし、本当に身近な人に死が近付くとなると、おじいちゃんであれ、おばあちゃんであれ、凄く悲しいし。

――多世代の人と身近に触れ合えるというのは、色々と感じる事も多いでしょうね。

石垣島には高校までしかないから、若い人はだいたい進学などで島を出て行きます。その他にも、仕事のかたちも色々変わって、石垣島でも核家族のような形態のおうちは増えてきているんです。私の母方のおじいちゃんとおばあちゃんも二人で登野城に住んでいたんです。でも、六年ぐらい前からおばあちゃんが特別養護老人ホームに入って、おじいちゃんは一人暮らしをしていたんです。母の兄弟の中で石垣にいるのは母だけだったので母が様子をみていたんですけど、やっぱりいろいろ心配なこともあって、結局沖縄本島の、元気なお年寄が共同生活をするグループホームに入ったんです。石垣では母も毎日行ってたんですけど、お年寄同士の行き来も減って、寂しいというのもあったのかもしれないですね。頑固なところのあるおじいちゃんで、それまでは、子供たちの家族と一緒に住むことを拒んでいたんですが、ホームに入ることについては「子供達が決めた事だから」っていうことで。じいちゃんは「今の時代はこんな所に入らないと彼の世にも行けんかね」って言ってました。それがすごく心にずきっと残りましたね。みんなそれぞれの仕事とか家庭もあってしょうがないけど、昔は家族がみんなで介護していたわけですよね、ホームとかもなくて。でも今はそうじゃない。そういう時代なんだな、って思った。私達兄弟はじいちゃんばあちゃん子だったんです。だからすごく無力だな、と思ったし寂しかった。やるせなかったですね。

石垣島とかは、親が近くに住んでいるけど、それでも世話をするのが難しいっていう状態だから、都会で暮らす人達は大変でしょうね。退職金を使って、自らグループホームに自ら来る人もいるんですよ。自分のことは自分で決める、誰にも迷惑はかけないっていって。でもそれは、私は悲しいし寂しいと思いますね。うちの親も、今元気だからそう言うのかもしれないけど「老後はあんたたちの世話にはならない」って言うんです。その場では「あっそう」って軽く受け止めているけど、実際そういう時期がきたらちゃんと私たちで面倒をみたいって思います。

――わたしが沖縄文化研究をはじめたときは、沖縄ではそれこそ竹富島の「結い」の心というのが強くあって、お年寄をみんなで大事にして地域の人同士で助け合って、精神的にも豊かで、というイメージが強かったんです。でも当然、家族構成などの社会的な変化もあるし、介護の問題は沖縄でも大きな課題になっているのでしょうね。それでも、よく言われているような「癒し」というものが沖縄にあるとすればそれは何なのでしょうか。

大学では心理学を勉強していたんですけど、ゼミで「海のそばで生活することの利点」について教授が調査することになって、それについて行ったことがあるんです。今思えば、企業が沖縄に長期滞在型の宿泊施設を作るための予備調査だったのかもしれないんですが。それで、渡嘉敷島のお年寄りの方にアンケートをとったんです。そこで皆さんが言ってらっしゃったのが、毎日すぐそばに海がある生活はいいものだよ、という事だったんです。海のない生活なんて考えられないって。海は仕事の場でもあったりするから生活の一部でもあるし、疲れた体や心を癒してもくれる。私も石垣島では普段から海を感じていました。本島に来てからは、石垣トライアスロンのスイムだけに参加したりしているんですけど、やっぱり綺麗な海や自然には、人は癒されるのかもしれないですね。

自分自身についていえば、すごくいい友達に恵まれているので、何かあれば、彼ら・彼女たちがいてくれる、という確信があるだけでずいぶん安心しているところはあると思っています。

インタビューⅡ

岡山格（一九七六年生まれ）

「死後の世界はあるのかわからないけど、実は楽しみなんですよね」

岡山格さんは石垣市字石垣の出身。幼い頃から八重山の歌や三線に親しみ、二六才の若さで三線の教師免許を取得されている。ご家族も芸能に造詣が深い芸能一家である。現在は本島の特別養護老人ホームで働いておられる。沖縄本島において思う八重山の文化、アンガマや盆行事に望む際の心のありようや伝統的な信仰に対しての気持ちなどについてうかがった。録音テープの前では、しゃべるよりも歌うほうが慣れているし、うまくできるとおっしゃっていたが、芸能に真剣に取り組む方ならではの、とても興味深い話を伺うことができた。八重山の文化や歌そのものに対する真摯な姿勢が、きっと岡山さんの歌にもあらわれているのだろうと思う。

——琉球大学に入学するまでは石垣島で過ごされたんですよね。

僕自身は字石垣の出身です。でも、父親の本家が登野城、母が竹富島でそれぞれ違う地域の出身なので、家で使う言葉とか風習にはちょっと半端なところもあります。方言はあまり使わなかったですね。うちのばあちゃんがいるときは教えてもらってたんですけど。うちだけじゃなくて、まわりにもそういう家は多かったです。四箇字（新川、石垣、大川、登野城）の人は特に標準語が上手です。本土の人じゃないかと思うぐらい、訛りもなくてきれいなんですよね。

沖縄本島に来てとまどう事もありましたね。大学で沖縄に来て、マブイ、とかマブヤーって何？ って思いましたね。それを落とした、とか身近に聞いたこともなかったし。島を出たばかりのころは、盆の時とかに実家に帰省すると、本島ではこんなふうにいってるんだね、とか、こんなふうに考えんし、言わないんだねー、って報告した事もあります。でも、僕も沖縄では「八重山の人」で通ってますけど、もう半分ぐらい沖縄の文化に馴染んできてるのかもしれないですね。

——沖縄でエイサーがあるように、石垣島はアンガマが有名ですね。

エイサーもそうですけど、その時期になると石垣の人は、各字のアンガマが各家をまわる道行のメロディーや大太鼓の音を聞くと「ああ、どこの家でやっているな」ってわかるし、いてもたってもいられなくなるんですよね。若い人は多分、そういう中で興味をひかれていくんでしょうね。アンガマというものは、所作の意味合いは村によっても違うので、「俺達はこういうふうに保存しているんだ」というものにのっとってやっていきます。

アンガマの変遷について卒論を書いた後輩もいましたけど、僕自身は改めて、先祖をどうとらえるとか考えた事はないですね。幼少のころからよく見ていたからやる、みたいなかんじ。盆は一大行事ですけど、中核を担っているのは四、五十代以上の人だし、ある程度の年齢以上の人じゃないと、行事についてはそう深くは考えていないんじゃないですか。沖縄本島のエイサーも、由来についてというのももちろん重要ですが、若い人にとっては見た目がかっこいいとか地元の仲間に誘われてというきっかけが、もしかしたら強いんじゃないですかね。石垣の若い人にとってもそういうところはあるかもしれない。アンガマも、高校生から三〇代ぐらいまでの若い世代は詳しく知っているわけではないですね。

設定としては一応、あの世からきた「おじいちゃんおばあちゃん」と「子供・孫」たちの一行っていうことになっていて、見ている人も半分そういうつもりでいます。みんな、もう半分は「ま、誰かが演じてるんだけどね」って思いながらも、自分じゃない自分になれるっていうのが楽しみでやっているのかもしれないですね。

――アンガマは見ているだけでも面白いんですが、演じている側の方々はどんな感じがするものなのでしょうか。

自分でも「自分は今は彼の世から来た存在なんだ」という気持ちで望んでいるし、まわりもそういう見方をしますからね。お互い「設定」を共有しているので、そういうことになっている、というのはわかってるんですけど、子供達にとっては本当に「異界のもの」というふうに思われるだろうし、恐れを抱きますよね。

ウシュマイ・ンミーは仮面を被って、手ぬぐいで髪も隠すし、外からは手と足しか見えません。彼の世から来ているから声も裏声で、もちろんすべて方言を使います。ファーマー（彼等の子供・孫という設定の踊り手）も顔が見えないようにします。地域によってはサングラスもかけていますが、字石垣では笠を目深に被るんです。クバ笠には七つの赤い花をつけるんですよ。七日七日ごとの行事が七回あって、四九日だから（七つの花をつける）とかって言ってますけどね、ウシュマイ・ンミーは。

本人達自身も、視界は狭いし誰が誰だかわからない。今は、三線と太鼓などの鳴らしものを演奏する人達は顔を出して縁側に座ってますけど、昔は歌い手も隠したみたいです。歌い手は歌わないといけないから目から口までぎりぎり出して手拭を巻いて。それで歌い手の前に、歌い手側からだけ外側がみえる幕を張るようにして、その幕を持ち運んで一軒一軒張ってやったみたいです。そこまで徹底するくらい、その一行は「あの世から来た人達」なんだっていう意識が強かったんでしょうね。最近はそうでもなくなってるかもしれません。アンガマは各字で同時期にやるから、他の村との対抗意識もあるんです。村同士が近いから、観客はあちこちを見て廻って、「あそこはうまかった」「あそこは元気がなかった」って言うもんですから「うちの村も、もっと元気を出そう」って言って、大人はもちろん子供達にまで地声で声を出させるんですよ。「ヒヤサーサー」って。僕は、それはちょっとどうかと思いますね。

アンガマと聴衆が冗談を交えてかわす問答があるんですけど、あの世もこの世と同じ感じで、テレビとかもあって、ニュースがわかるみたいなんです。いろいろ面白いやりとりがあります。「この踊りはおばあちゃんから習ったんだよ」という話になって「自分にもこの踊りをおしえてください」って（観客の中の）サクラの人とかが聞くと「いいよ。お盆の三日目の十二時五分にJTAであの世行きが出るからそれに乗って一緒においで」って言うんですね。あっちで教えるから、って。わたしたちはこの世の者とは違うんだよ、今は彼の世からこのおうちにお邪魔して遊んで楽しませているんだよ、ということですよね。アンガマには笑いの要素・滑稽さもあるし、見ていて面白いのは勿論、中に入ってやるのはとても面白いですよ。

子供のころからアンガマに触れていると「あのひとたちは彼の世からやってきているんだ」「あの世っていうのがあるんだ」っていう意識も無意識のうちに生まれますよね。あれをみていると「あの世」というものは「怖い」っていう感じじゃないですね。キャラクターとしては、子供は怖いって感じるでしょうけど。全体としては、なんだかおもしろいもの、得体の知れない者達がやってきたっていう感じだし、そうでないと「彼の世から来た者」っていう雰囲気は出せないんでしょうけど。
やっている本人たちもトリップするんです。特にウシュマイ・ンミーは先頭で、機転をきかせて話したり、一行を先導して行事を進行したりするんですが、お酒を振舞われる事も手伝って、家をまわるうちに、自分達もわからなくなってるんじゃないですかね。それに感染するみたいに、歌い手もそんな風に、ノってきます。たとえば、我々が演劇、お芝居のような事をする時っていうのは、設定が頭の中に入っていたとしても役柄には完全には入りきれませんよね。でも、アンガマっていうのは夜に外でやるもので、盆という大きな行事との一環ということもあって結構入り込むことができるんですよね。

――岡山さんが芸能を始められたきっかけはどんな事だったんですか

僕の親父が僕の生まれる前からそういう芸能をやっていて、僕が小さい頃、地元の子守唄を歌ってもらって寝かしつけられたみたいな記憶があるんですよ。今でもばあちゃんや両親が歌ってくれた曲は、姉も僕も妹も覚えていて、そういった歌がもっているゆるやかなリズムや感覚が自分にとって落ち着くものになっていたから、三線をやってみようかな、と思ったのが始まりかな。親はぜったい「やれ」とは言わなかったです。「やってみたい」っていったら「ああそうか」といって教えてくれたり。小学校にもクラブがあったから入りました。ずっと続けているわけじゃなくてブランクもあったんですが、高校のときに郷土芸能クラブに入ってからは、ずっとやっていますね。なんで続いたかっていうと、やっぱり面白かったんでしょうね。

「八重芸」には本土出身の学生が多いんだけど、みんなすごく頑張っていますね。今は七〜八割が本土の学生ですね。あの発表会も彼等にとっては特に難しいと思いますけどね。一年足らずの練習のあとで、発表会の舞台に立たないといけない訳ですから。上級生になれば、舞台を演出するために（年ごとにテーマを決めて演目が構成されている）八重山の芸能とか習俗とかの素地をおおかた勉強するんです。じゃあ自分達はどこに視点を当ててどういう舞台構成にしていくか、というのを決めるのは、県外出身の学生にとっては大変じゃないですか。それでも一生懸命舞台を作っていくんです。彼等は八重山の芸能にどういう感触というか、思い入れをもってそこまでやれるのかな、って感心しますね。そういえば、アンガマとか、あの世への思いをどうこめてやっていたのか、というテーマを取り上げようとしていた年もありましたね。

合宿も、ＯＢになってからも何度か行きましたけど、体育館に寝泊りするからすごく暑いんですよ。ＯＢになってまでなんでこんな思いしなきゃいけないんだって思いますけど。ハハハ。それが良い所でもあるんですけどね。それに、そのサークルには自分達が世話になったというのもあるし、自分自身も踊りや歌が好きだし、彼等も好きでやっているわけで、同じ想いがあるんだから手助けしようって思いますね。

――少しお仕事の話を聞かせてください。特別養護老人ホームで働いていらっしゃるということですが、最近印象深い出来事があったそうですね。

昨年の十二月からこの仕事を始めたばかりなんですけど、機会があったら弾こうと思って三線を持っていってあったんです。沖縄の人が多くて、あまり八重山の人がいらっしゃらない感じだったので、沖縄の民謡をときどきやったりしていたんですけど、あるおばあさんが八重山の人だっていうのをたまたま知ったんです。その方には、標準語でしゃべりかけると「あー」とか「うん」とか「いや」とかしか返答してくれなくて。でも、その方が八重山の人だってわかって、僕が八重山の方言で話しかけたりすると表情が変わったんですよ。じゃあ、八重山の歌で何が好きですかって聞いたら、「あがろーざ」っていう有名な子守唄があるんですけど、その歌が好きだって言ったんです。じゃあそれを歌おうか、ということでベッドのある部屋で一緒に歌ってみたらあまりにも大きな声で歌うもんだから、僕もびっくりしてしまって。それで、食堂にいって歌ってみたら、本当にはっきり朗々と「あがーろーざー」って歌うんです。他の職員とか、たまたま通りかかった上司とかもすごく驚いてましたね。昨日もちょっと時間が空いたもんで、他の人も何人か一緒に歌ったんです。それで、今度は証拠ってことでラジカセに録音して写真も撮ったんです。もともとそのおばあさんは琴の先生で、以前はお弟子さん達が来て、お正月に演奏したりしてたみたいなんですけど、最近はそういうこともしなくなってていたんです。でもそうやって今でもしっかり歌えるんだ、っていうことが分かった。

そうやって一緒に歌うことで、その方が少しでも元気になれる手助けができるのかもしれないな、って思うんです。翌日は忘れてるかもしれないけど、その時だけでも元気になってくればいいと思う。すごく顔もかわりますし、自分もすごく嬉しいし。もともと慣れ親しんだ歌とか、普通の歌謡曲でもいいんですけど、特に八重山の人であれば八重山の有名な歌をうたうとパッと表情が変わりますね。

ちなみに、僕のばあちゃんは最後は呆けて、九三歳で亡くなったんです。寝たきりではなくて、完全に介助してもらいながらでしたが、最後の日まで元気で、その日の朝食まで普通に食べてたんです。ナースステーションの前で眠っているな、と思っていたらいつのまにか……という感じで。本人の意識はどうだったかわからないけど、最後はすごく幸せな顔してましたね。その時、ばあちゃんはまさに燃え尽きたんだな、と思いましたね。人の一生の最後っていうのは人それぞれで、一概には言えないものだな、と感じます。

「自分の中にも、その世界を無意識に信じる部分があるのかもしれない」

――沖縄、八重山のお墓というのは大きくて、独特な存在感がありますね。しきたりもいろいろあると聞いています。

僕自身はそこまで頻繁には墓には行かなかったけど、家の仏壇に線香立てて毎日手をあわせるのは日常的な習慣ですね。普段、帰省した時も仏壇に手を合わせて「帰ってきたよ」って言うんです。墓に行くのは盆と十六日祭と旧正月の時ぐらいです。お盆の時は、初日の夕方、墓に迎えにいくんですよね。お墓から（亡くなった人を）連れてくるんですよ。ということは、普段は仏壇にいるのに、お盆だけはお墓から連れてくるの？　もしかして二系統あるのかな、って思ったり。それはそういう慣わしだからなんでしょうけど。

墓というのはただたんにハコモノじゃなくて、どこでもドアじゃないけど、違う世界に繋がっているものなんでしょうね。亀甲墓は人間が生まれ出てくる所を模して作ってあって、死んだらそこに戻って行くって言いますけど、転生ということを想定して、墓に入るのも通過地点と思うのもおもしろいかもしれないですね。墓って、中に入るときは後ろ向きで入るんですよね。中にお骨をいれる時とか。地域によって違うかもしれないけど、骨壷を置く場所が分かれているんですよね。亡くなった順番とかによるのかな。彼の世には面とむかっていったら駄目なのかもしれないですね。

でも、墓っていうのは確かに亡くなった人がいるところ、っていう感じはする。死んでいく自分自身にとっては、どの地で死ぬかっていうよりはどの墓に入るか、が大事ですよね。自分の希望でここの墓に入りたい、というのがあっても必ずしも希望通りにいかないこともありますよね。一回結婚して家を出たんだから、離婚しても実家の墓には入れないとか。家系とか地域によって違うみたいですね。

――お盆や八重山の生活のなかで、死んだらどうなるのか、というような事を考えたりする事はありますか。

祭りの時は、結構やることがあってぱたぱたしているし、考える暇はないですね。お盆の最終日に仏壇で線香をたきながら、わざと冗談で「あ、今帰っていくね。煙のあいだに足が見える」とか言ったりしますよ。そういう時、例えば我が家では、親は子供に「おじいちゃんが帰るよ」って言うんですよ。自分も親になったらそう言うだろうし。それをどこまで信じて言うのかはわからないけど、でもそうやって子供に言うことによって、自分自身が「自分もそう思って言っているんだよな」って確認しているかもしれない。他人に言うことで、自分自身にそういう意識が生まれているんじゃないかな、って思うんですよ。ほかにも後輩とか、地元の事を知らない人が来た時に「この風習はこういう意味で、仏壇にじいちゃんがいて」とかって説明する時に、「ま、本当は見えないんだけどね」って頭では思いながらも、そう伝えることによって、信じるかどうかは別として、改めて「そうなんだよなー」って思うんです。そういえば、近所にも霊が墓へ帰る通り道っていうのがあるんですよ。不自然にブロック塀があいているところがあって。明らかに、繋がっているべきところに隙間を作ってあるんです。

基本的に、子供や孫がその世界を信じるかどうかは自由なんですけど、僕はそういうことをやっているばあちゃんをずっと見てきたんです。それで、ばあちゃんが向こう側に廻って、僕等がこちら側から見るようになって、というように続いていくんですよね。そのお家の一番座とか二番座の中で。だから自分の場合も一種の刷り込みだと思います。信じるとか信じないではなくて、小さい頃はただ「やりなさい」って、いわれてやりつづけて自然と今にいたっていますが、意識というか理性としては「そんなものはないだろう」「これはただの儀式なんだよ」って思っても、じゃあ、なんで続けているのか、なぜこういう仕草をするのかっていったら、自分の中にも、それを無意識に信じる部分があるのかな、って思いますね。

――おじいちゃんおばあちゃんと同居してない家族形態も増えてきていて、誰かのお葬式をするまで自分の家の宗教が何だか解らなかった、っていう話を聞くことがあるんですが、沖縄や八重山ではそういったことは少なそうですよね。

「バガージマヌパナス」注6って小説がありますよね。少女がユタの性質をうけついでて、彼女自身は信じてないけど声らしきものを聞いたり…っていう内容でしたけど、ありそうな話だなーって思います。超自然的なものを信じてないけど、そういう性質・体質をもった若者って、もちろん沖縄にもいそうだし、作り話とは言い切れない、身近にありそうな話だと思ったんです。

　そういう信仰を見てきた僕たちは、自分に何かあったときにだけ、なにかを敬う、お祈りするということではなくて、何かあった時に、自然に「……のおかげかな」って思えるんじゃないかな。自分の仕種が形式的なものであっても。しかも、先祖崇拝だけじゃなくて天の神様とか豊年の神様とか、たくさんの神様がいるんですよね。だから人生の中で「自分が信じるものはこれだ！」って確信を持つ事はないかもしれないけど。でも逆に、全く宗教的なことをやったことがない人が何かを信じるとしたら、何か確信をもった時ですよね。「この神様のおかげだ」とか「これを買ったから叶ったんだ」とか。

　自分が死んだらどうなるのかわかんないですけど、もしかしたらあちら側から自分の孫とか子供とかが行事をやっている状況を見るのかな、って想像したりします。死後の世界はあるのかわかんないですけど、実はそういうのが楽しみなんですよね。

アンガマ（登野城）

※ムシャーマ（波照間）

※ダードゥーダー（登野城）

※琉球新報社提供

インタビューⅢ

関戸塩（一九七三年生まれ）

「この世ならざるものが存在していて、人々がそれを大事にしている……」

関戸塩氏は筆者と同期入社の友人である。出身は東京の国分寺市。九四年に琉球大学に入学し、八重芸や落語研究会で活躍する。二〇〇一年、琉球新報社に入社。大学時代から沖縄で暮らしていることになるが、八重山や沖縄、そこで知り合った人々に愛着があり、東京に戻りたいと思う事はなかったという。サークルを通して良い人間関係や経験にめぐまれたからかもしれない、と語る。おととし石垣島出身の女性とご結婚された。ご自身の生い立ちと宗教についての体験、八重山の文化について考えておられることをうかがった。読んでいただければお解りになると思うが、ほんとうに様々な体験をお持ちである。しかし、そのひとつひとつのエピソードからは好奇心・感受性の強さや、目の前のものごとに取組む際の集中力が感じられた。同期入社の中でも頼り甲斐のある人物であると同時に、会社では芸達者であることでも有名なのだが、それとはまた別の側面をうかがい知ることができた。

――八重山芸能研究会というサークルや研究を通して、ひろく沖縄のお祭りや文化に親しまれていると思うのですが、そういった宗教行事や民間信仰という事に関して、出身地での思い出はありますか。

父の実家が神奈川県津久井郡津久井町なんですけれども、過疎化の村なので、あまり盛大なお祭りは開催されなくなっていました。実家の宗教は仏教ということになると思うんですが、特にしばりの強い宗教・宗派のしきたりがあるというのでもなく、普通にお盆のお墓参りやお正月などの年中行事をやっている程度ですね。

あとは、浪人時代に四国の八十八箇所まわりをしたんですが、そのきっかけとなったのが、祖母が、朱印帳を持ってお寺をまわっていたことなんです。お寺をまわって、そのお寺の名前と守護神の名前を書いてはんこをおしてもらうものなんですけど。それで、祖母と一緒に日野のほうをまわってみたら結構面白かったんです。ちょうど僕の住んでた日野に高幡不動（たかはたふどう）というのがあるんですけど、高幡山（たかはたやま）という所に八十八ヶ所、小さいお地蔵さんが立っているんですよ。で、このもとは四国の八十八箇所めぐりだということで、せっかくだったらお遍路さんをやってみようと思って、寝袋もって自転車こいで四国まで行って、頭をまるめて自転車で八十八箇所を全部まわりました。結構楽しかったですよ。全部まわるまで一月半くらいかかったんじゃないですかね。地元で、宗教行事に絡む事といえばそれくらいでしょうか。

――琉球大学に入ったいきさつを聞かせてください。

自分自身の宗教体験とからんでくる話で、ちょっと長い話なんですけど。

中学三年の時に両親とインド旅行に行ったんですが、それが結構その後の人生の分岐点だったかもしれないです。インドはヒンズー教ですけど、ガンジス川で死体を焼いて、まだ生焼けみたいのを川へドボンと落としたり、下の方ではそれを「ありがたい水だ」といって沐浴したり、飲んだりしてるんですよね。そういうのを目の当たりにして、すごいカルチャーショックを受けたんです。

それで、世界にはこんな地域もあって、いろんな文化に出会える体験ができるんだったら、このまま高校行ってもあんまりおもしろくないな、と思ったんです。両親は高校の教員だったんですけど、高校に関する良くない話も聞いていて魅力を感じられなかったし、当時の担任の先生も理解を示してくれたので進学しないことにしました。それで、ひとりで海外を歩くんだったら護身の術を身に付けた方がいいぞ、と思って、日野の近所の道場に通い始めて、合気道とキックボクシングを習っていたんです。そのときのお師匠さんがキックボクサーとして活躍されている一方で、同時に気功とか、宗教的なものに心のある方だったんです。当時その先生は、ある宗教家（A氏）について「これが本物だぞ」という事を言っていたんですが、中三の時は半分聞き流していたんです。

いざ三月に中学を卒業して、晴れて無職になったので、とりあえず旅に出ようと思って、方位磁石を持って、てくてく歩きはじめました。心が北に向いていたので北の方角に向かって歩いていったんです。寝袋を担いで野宿をしながら、草津あたりまで行ったのかな？　一週間ぐらい歩いて野宿を続けていたんですが、まだ三月で雪が残っている時期だったのでこれ以上北には行けないな、と思った頃に家に電話をしました。その時、父が「通信制教育というのがあって、たまに旅をしながらでも高校卒業の資格をとれる制度があるからそれに入ったらどうだ」という話をしていたんです。入学受付もまだ間に合う所だったのでそのことも考えながら旅を続けました。

歩いていると、自分の中の雑念がだんだんなくなっていって、結局心にひっかかるものとして、道場の先生がいろいろ話していたような事がどうしても気になり始めてきたんです。それで途中で本屋に寄って、その宗教家の本を探してみたらけっこうたくさん本があって、それを買って、ひとまず家に戻っていろいろ考えてみることにしました。通信制の手続きもして、高校の勉強をしながら本を読み、道場にも通うという生活が始まりました。

三ヶ月ぐらい過ぎたら母親がそんな生活を見かねて、「あんた海外に行きたいとか言ってたじゃない、アメリカぐらい行ってらっしゃいよ」みたいな事をいわれて、七月ぐらいに一年間オープンのチケットを持って、ロサンゼルスに渡りました。結局四ヶ月間旅行したんですけど。貧乏旅行で、バス乗り放題チケットを使ってアメリカを二周して、色々見て廻って楽しかったんですけど、でもどこかでその宗教家の団体（仮に宗教団体Aとする）のことが心の中にありました。本も持ち歩いてたんです。

帰国してからバイトを始めました。遊園地の売店で軽食を売るアルバイトをほぼ毎日やって、夜は合気道とその宗教団体Aの話をしながら通信制の勉強をして、という生活がまた一年間くらい続きました。そのころから本格的に宗教団体にはまって、傾倒していったんです。高校二年生頃にはかなりどっぷりはまって、その頃はちょうど、宗教団体Aもどんどん教団として発展していこうとしている時期でした。最初の頃は勧誘とかのきびしいノルマもなかったんです。でも高校二年の終わり頃だったと思うんですが、教団というものに対して「おかしいぞ」というようなところを感じはじめてきて、ある時、僕のなかで宗教団体Aに関して破綻がきたんですね。ちょっとついていけないというか。教団の中での話をきけば「うんそうだ」というふうに思うし、家族とかに話すと「おかしいな」と思うし。それで結局、宗教団体Aはきっぱりとやめたんですが、ちょっと自分自身がうまく保てない状態になって、バイトもやめてしまってしばらくひきこもり状態になってしまったんです。僕の中ではかなりそれに入れ込んでいて、精神的な支えだったので……。

それで外に出歩けない状態が数ヶ月間続いていたんですけど、徐々にテレビゲームができるくらいにはなってきました。それがちょうど、同い年の人は大学受験の準備をする時期だったので、とりあえず代々木ゼミナールの夏期講習に行き始めました。大手予備校って有名講師がいるじゃないですか。そういうカリスマ講師は精神的な面もいろいろ教えてくれる面で人気もあったんですけど。実は、琉大に行くことになる直接的なきっかけも、世界史の先生が「これからはアジアの時代だよ」みたいな話をしてた事なんです。なるほどアジアの時代なら、東アジアの中心に位置する琉球大学というところはおもしろそうだな、と思ったんです。当時、NHKで「琉球の風」というドラマをやっていて、それをみながら自分でテンションを高めていました。

高校四年が終わる時にいっぺん受験したんですが、センター試験の日にとっても緊張してしまって、点が悪くて落ちてしまったんです。でも、すぐまた受験勉強しようという気もしなかったので「どうしようか」と思っていた時に、さっき話した四国のお遍路さんに出ました。戻った後はあんまり熱心に勉強もせずに、一年後、割と気楽な気持ちでセンター試験で琉大を受験したら、いい点をとれたんです。琉大の方もちょうど僕が入るときに学部改変があったんです。落ちた時は史学科を受験したんですけれども、次は日本東洋文化コースという、史学と国文が合体したようなところを受験したんです。それで面接の時に、お遍路さんをまわったとかそういう話をしたら、教授陣は「こいつは面白そうだ」と思ってくださったらしくて合格させていただきました。

「アンガマはあの世から来た人たちなんだ」

――なぜ八重芸に入ろうと思ったんですか?

受験のときから「入ったら、せっかく沖縄に行くんだから沖縄っぽいサークル活動をしたいな」と思っていて、赤本(琉大の過去問題集)をみたら、琉球大学八重山芸能研究会というのが沖縄っぽいサークル名だったので、気になっていたんです。入学直後のオリエンテーションで舞台を見て、素敵な踊りだなあ、と思ってサークルを見学してみたら歌って踊って楽しく過ごしていて、素敵な四年生の先輩が手を握って仲良く踊ってくれて、それにもつられて入部しました。ハハハハ。練習時間も多いサークルで拘束的な側面もあるし、生活の中心は八重芸になりました。しばらくは八重芸だけに関わっていたんですが、出身地の東京の文化も忘れちゃいけないな、という気持ちがあって落語研究会にも入ってかけもちしていました。

――サークル活動で、特に思い出になっていることは何ですか。

僕自身は毎年夏休みに一ヶ月ぐらいは八重山に滞在して、お祭りを見てまわっていたんですが、そのうち一週間はサークルの合宿でした。八重山の離島の体育館などで寝泊まりさせてもらって、村の方に直接踊りを教わったり地元の公民館みたいなところで発表会をするんです。八重山を回って地元の同級生とも一緒に過ごすというのはとても良い経験でした。中でもアンガマという行事に出会ったことは大きかったですね。石垣島のなかでも、字石垣のアンガマはわりとオープンというか、その当時は人手がたりないということもあって、字石垣の先輩が声をかけてくれて、石垣青年会のアンガマに参加させてもらうことになりました。結局三年連続で参加したのかな。

最初踊ったときに「これはすごく面白いな、興味深いな」と思いました。僕等がサークルで踊る時は「とにかく元気良く、囃子をいれろ」というのが基本なので、アンガマでも囃子を入れてたら、「アンガマの人っていうのはグソーからきた人たちで、この世じゃないところから来た人たちはそんな囃子は入れない」ということを言われたんです。それを教えてもらって以来、想像力をすごく刺激されて、お盆で先祖が来ているときに一緒にお祝いするんだなあ、と実感させられるようになりました。

裏声を使ってウシュマイ・ンミーとやりとりするのを聞きながら坐っていると結構暑いんですよね。一軒四〇分ぐらい、ひざまずき（正座）しながら自分が踊る順番まで待っているんですけど、ずっと黙った状態で、だんだん頭もボーとしてきます。それで、あらかじめそういう設定を聞かされていると、何軒も廻っているうちに不思議な感覚というか面白い感覚がしてくるんです。自分はこの世じゃない所から来た人間なんだ、普段とは違う自分なんだ、というような不思議な感覚です。それと同時に、この世とは別の世界があって、でもそれがそんなに変わった世界ではなく、繋がっているというか、同じような感覚を持つ、歌や踊りで楽しむような世界なんだ、という考え方があるんだな、というのを実感できるんです。仏壇の前で踊りながら、自分自身が霊を慰めるためにその家に行って、その年亡くなった…場合によってはついこのあいだまでいた人たちを迎えて一緒に踊っているんだ、という意識とでも言えばいいんでしょうか。もともとお盆っていうのはそういうものだったのかもしれないけど、何か、とってもご先祖とのつながりが近い感じがあるな、というのをアンガマを通して改めて感じました。

八重山の芸能は仮面をつけた芸能が結構あって、来訪神とか、この世ならざる存在みたいなものが存在しているというのは非常におもしろいなと思います。[注7]ダードゥーダーをサークルの合宿でやったとき、当然毎日仮面をつけるんですが、視界がこれくらい（ビー玉大）しか見えない世界で歌と踊りを毎日やっているとやっぱり何かおかしなかんじがしてきます。すごく貴重な体験です。

そのほかにも、アカマタ・クロマタがあらわれるパナリ（新城島）の豊年祭などを見学したりする中で、この世ならざるものが存在していて、人々がそれを大切にしている、という事自体にとても惹かれました。

――沖縄のお祭りに参加するようになって、その世界観や信仰の面で、精神的に影響を受けた部分はありますか

宗教団体Aの活動をやっているときに、「死の恐怖」についてとかそういう話は、やはり宗教に関わっている中にはあったんです。何らかの「死んだ後」の答えが欲しいとか、その意味付けとか、死んだらこうなるんだというような確信をもって過ごしたい、というような。

ある意味楽じゃないですか、そういう、たとえば某宗教をまるっきり信じきることができて、それが本当のことだと思っていられれば。それに、自分はそういうことを知っているから他の人より優れているぞ、というような気持ちで過ごせるし。それで僕が宗教団体Aをやめて、どん底にひきこもりになったときに、母がいろいろ話をしてくれたんです。あの世の世界とか、そういう宗教が示す世界っていうのは「わたしにはわからない」っていうのを大切にするべきじゃないかと。死後の事とかそういう問いには、結局ばちっとした答えがあるものじゃない。世の中にはいろいろな信仰を持っている人がいるんだから、これが絶対みたいに思い込むんじゃなくて、「わからない」ということを大切にしたらいいんだ、ということを教えられたんです。

それ以来、たとえば沖縄のあの世の考え方とかも、おもしろいな、と興味は持つけれども、それはそれとして、そういう見方もあるんだな、と思うだけですね。自分がそれをそのまま受け入れる、とか受け入れない、とかいうことではなくて、結局はわからないんだ、と思いなが

らも興味をもって、そういう考え方で共同体がなりたっていた時代があったんだな、という捉え方でいるんですけど。

だから強いて言えば、そういった世界に影響を受けた所といえば、「死んだらそこで終わりなんだ」とか「死ぬのが怖い」というようなものよりは、もうちょっと楽な「感じ方」は与えてもらったかな、という気はしますね。

――サークルではお祭りの由来とか、宗教的背景についての勉強もするのですか？

八重山のその土地その土地の師匠に踊りを教わりに行くと、当然その踊りは何かの祭りのなかでやるものだったり奉納芸能だったり、いろんな意味合いをもっているものなので自然とそういったことが付随してはきます。そこで、おおかたのことは話を聞きますが、ひとつひとつの由来を詳しく学ぶわけではないです。

芸能に対しての姿勢ということでいえば、竹富島に、種取祭[注8]という有名なお祭りがありますよね。このお祭りはずっと部外者は出たことがない祭りだったんですよ。芸能の盛んな場所でもあるし、地元出身者しか出ていなかったそうです。今は、島に住んでいる人なら内地の人でも出たりはしてるんですけど、必ず血縁の繋がりが竹富にある、というのが必要だったそうです。

私が三年生で副部長をやっていたときに竹富島で合宿をやったんですが、三〇年続いているサークルということもあって、種取祭に出なさいと言っていただいたことがあるんです。もう亡くなられたのですが、上勢頭亨さんという、島の文化に非常に詳しかった方にうちのサークルがお世話になっていて、その娘さんの同子さんという方が誘って下さったんです。僕等にとっても勉強になるし、竹富島にとっても外からの刺激もあったほうがいいと同子さんも考えていらっしゃるものですから。

そのときは、僕自身は直接タッチしなかったんですが、波照間の夜雨節という踊りをやりました。特別な配慮から貴重な機会を与えていただきましたが、竹富は芸能や祭りに対して厳格なところだと思います。

その一方で、波照間島や与那国島などは割とオープンというかおおらかなところがあります。僕等が芸能をやってみせると、「今、島でやっているのと違うけれどもおもしろいね」とおっしゃったりします。波照間島で一番大きいお祭りのムシャーマ[注9]では何でも受け入れる、みたいなところがあって、その場にいた人たちもどんどんパレードに加わって踊れよ、みたいな雰囲気があるんです。やることも自由で、派手に飾り立てて練り歩いてもいいよ、みたいなかんじです。与那国島では、君たちの踊りは今我々がやっている踊りと違うけれども、おもしろいから教えてよ、ということもありました。

踊りをおそわる中で心に残る話もたくさん聞きました。黒島のハディク舞という芸能があって、これはなかなかエロティックな踊りなんです。黒づくめで顔をかくしたような格好をしてクバ笠を前に持って、チョンダラー[注10]みたいな格好をした男が女の人にちょっかいを出して、最後には一緒に歩いて帰るという踊りなんです。その踊りを教えてくれた方が「今の若い人は恥ずかしがってちょっかいの出しかたがちょっとなっていない」といって僕ともう一人の先輩が「こうですか⁉」ってちょっかいを出す練習をしていると「それはやりすぎ」って言われたり。ハハハハ。

でも、そんなふうに教えてくれながらも喜んでいてくれたんですよね。だから、そのおじさんが亡くなった時はけっこう辛かったですね。教えてくれるのはお年を召した方が多いんですが、いろんな想いもそのつど話してくれて、そのおじさんが言っていたのは「この踊りは伝統として、芸能のかたち自体は残るけど、私が伝えたいことは地元でもなかなかやりきれてくれないよ」という言葉だったんです。だから、こういう芸は残っても、中味は変化するのかな、と思ったりしました。

学科のほうでも「方言調査記録」というのをやっていて、奄美の加計呂間島に方言調査で行ったことがありました。琉大の「方言研究クラブ」がずっとそこに通っていて、僕も同行させてもらったんです。いつも、その島の吉川忠さんというおじいさんが教えてくれるんですけれども、僕らの目的は方言に集中していて「この文章を方言でどういいますか」とか「この単語はどういう発音ですか」というのを録音させてもらっていました。でも、このおじいさんとしては歌を伝えてもらいたいという思いが強かったみたいなんです。「自分は加計呂間に伝わっている多くの歌が歌えるけれども、他にはその歌を歌える人がいないんだ」と言って、是非これをちゃんと残したいとおっしゃっていました。加計呂間には「諸鈍シバヤ」[注11]という国指定の祭りもあったりするんですけど、おじいさんが引き継いだ歌たちが、若い世代に全部は引き継がれてはいない、というのが口惜しいらしくて、泣きながら、こんな歌もある、あんな歌もある、と言って歌っていて……非常に切ない、そういう体験もありましたね。

――最後に、精神的なものも含めて関戸さんと八重山とのかかわりについて教えてください。

やっぱり八重山はすごく好きですよ。学生時代は、多いときには年に一〇回くらい行ってましたし。ここ数年で石垣島はだいぶかかわってきましたけどね。サークルの他にも、大学では八重山歌謡を専門に研究していたんです。指導してくださった玉城政美教授は伝統的なものも、パソコンの力を生かした研究をしていく必要があるという考えをもっている先生で、僕は主に八重山歌謡をデータベース化するという作業をしていました。同じ歌でも本によっては表記が違ったりするので、研究するためにはこれらの歌をデータベース管理していくのがいいという事で。例えば地域別に、この歌にはどんなバリエーションがあるかとかいったものを、三名の共同作業で構築していて、この研究作業もまだ続行中です。

それから、やっぱり僕はずっとサークルをやっていたというのがあるので、歌・踊り、三線、泡盛のある場面がとても好きなんです。中でも踊りが好きで、踊れたら幸せだし、踊ること自体が楽しいんです。最近も、八重芸の月見会で中城モールの浜辺に行って、皆と歌って踊って非常に楽しかったです。今年（二〇〇二年）の西表島での夏合宿にも参加したんですが、島の人とお酒を酌み交わすとか、そういう時間は大好きですね。社会人になってめっきりそういう場面に出会えなくなっちゃったんですが、お祭りと関わりあって、地元の方と交流をもてる場面、何かを教わる場面というのは、「癒し」と言っていいのかわからないですけど、非常に価値のある時間だと思っています。

インタビューⅣ

田場盛久（一九六八年生まれ）

「死後の世界を、昔の人は本気で信じていた」

田場さんは国頭村のご出身。中学時代から三線を集中的に演奏なさっており、現在は後続の方の指導にもあたられている。三線にとどまらず様々な楽器を演奏され、舞台の企画などもなさっている。大学に進学するために那覇に出た後、六年ほど那覇で働かれていた。現在は国頭村役場で広報などの仕事をなさっている。沖縄の「伝統芸能」や、「トートーメー」という言葉に象徴される伝統的な信仰の今日的なありようについて伺った。沖縄では、先祖の霊を祀る位牌のことをトートーメーという。本土で「位牌」と言い表されるものとは少し形状が異なっており、代々の先祖の戒名や名前、享年、享年齢が記されている。また、トートーメーという言葉は、祭祀具そのものとしての意味の他に、位牌や香炉に祀られた先祖という意味も含んでおり、「トートーメーの事」と言うと、それにまつわる慣わしも指し示すようである。沖縄では現在でも祖先崇拝が「大切なもの」と考えられているようであるが、若い世代を中心とした、ひとりひとりの中の意識や宗教性について興味深いお話を伺うことができた。また、沖縄の伝統芸能の歴史や背景、現在の状況についても詳しく説明して下さり、大変勉強になった。

――伝統芸能、古典芸能といわれるものを担うという事についてうかがわせて下さい。

古典的な芸能というものは、長らくやってこそ、その本当の良さや味わいもわかるんです。見た目の鮮やかさや美しい音色というような、表面的な部分だけではなくてね。西洋で言えばシェイクスピアの劇とかが昔から繰り返し上演されているけど、背景やストーリーの完成度が高いものであるからこそ、今も観に行く人がいる。役者が変わっても、「この人が好きだから行く」じゃなくて「全体的に好きだから観る」というのは、琉球の古典芸能でも全く一緒です。ドラマとか映画は「この俳優が好きだから観る」という事もあるけど、古典と呼ばれるものは違うと思う。確かに、何年に一度だけどものすごい踊り手が出てくることもある。でもどちらかといえば、役者の魅力よりも、一つの完成された芸として見に来るんだよね。ゆっくりとした音楽と踊りも背景を想像させるし、飽きずに何分も観ていられる。

新しいものを常に作り続けている人は大変だと思う。今ヒットしていても、次は何をやればいいのか、というのが常にのしかかっているでしょう。それをクリアできる人達だけが息の長い歌手として活躍できる。僕等は古いものを淡々とやっていて好評を得ているのだから、そういうところが気持ち的にも楽だし、やっていても楽しいと思う所です。

昔は、娯楽といってもそういった物しかなかったし、皆が楽しみとして共有していたけれど、今はテレビやラジオも普及しているし、新しいものがどんどん出てきている。そういった状況のもとで僕等は伝統芸能をやっているわけだけど、なぜやるかといえば、自分達が楽しいのもあるけど「継承して伝える」事も大きな目的ではあるんだよね。でもそれは決して強制的なものではない。静かに根気よく、「沖縄の古典芸能が心から好きだ、一生やっていきたい」と思う人間が出てくるのをじっと待っていなくてはいけないような時代です。

三線は弾いて楽しいというのがあるから、ギターみたいな感覚で習う人自体は多い。でも、僕が指導している子供達の中には、親が音楽が好きで、遊ばせているよりは何かやらせようということで来る子も少なくないんです。最近若いミュージシャンやグループの中で、新しい音楽に三線を入れて演奏することが流行っている。そのブームにのって何人かは自分から来ている子もいますけど、いつまで続くかわからない。守って残していくための人材を育てるというのは、そういう課題といつも真っ向から向かい合っていかなきゃならない。奏法や技法を教えるより魅力に気付かせることが難しい。

芸能を担う人達の扱いについてもまだまだ課題があります。たとえば、行政の人間というのは、まだ伝統芸能の重みとか、継承するために頑張っている人たちの苦労について理解が薄いと思う。僕は役場にいて芸能もやっているから両方の言い分がわかるんだけど。行政は少ない予算の中で大きな効果をあげようとして、芸能ができる人を呼んできて出演を頼む。そして当然謝礼などが発生してくる。そこで、芸能に携わっている人達への評価はどれほどのものかというと、ステージをつくるための肉体労働としての舞台設置とか、そういう一時的な労働力と同じ扱いなんです。芸能というものが普及している率は高いんだけど、その人達への扱いはそんなものです。

芸能の継承のあり方にも問題がある。内地では伝統芸能というものには家元とかがあって、家系で継承していくでしょう。その家の名に恥じぬようにものすごく頑張るから、完成度の高いものがそこにだけ残る。でも沖縄では趣味や娯楽の範囲で考えている人も少なくはなく、発表する場もありすぎるから、「正しく」継承するということが薄れてきている。自分もその一人かもしれないけど、これも課題だね。

――田場さんが携わっておられる芸能や、企画されている舞台について教えて下さい。

琉球の芸能というのは大きく分けると、僕等がやっている「ステージ芸能」と、エイサーとかウシデークとか、なんとなく、決まった日に決まった場所で、村人がいつのまにか輪になって歌ったり踊ったりしていたものがもとになっているものもある。それからシヌグとか、神様に一年の豊作を報告して感謝の気持ちを表す唱えの言葉が曲にのって歌になって手がついていったというのもあります。それから獅子舞とか、邪気を祓う、幸福を守る、そういったものもありますよね。僕等がやっているのはステージ上で、見る人達のために演じるものです。そういったものはもともとは宮廷音楽で、お城の中で演じられていたものがほとんどなんです。洋風にいうとバロックですね。琉球の王様が、大和とか中国からの使者をもてなすためにやっていたもので、門外に出ることはなかった。しかし王府が滅びると、そういった要職についていた人達も職を失って巷におりていきます。そして見世物小屋みたいなところで演じたり、何名かで劇団をつくっては収入源としていた。

宮廷の中は時間がゆっくり流れていた。そういった、ゆるやかな時間の中で過ごしている人達にはゆっくりした音楽が流行るの。中には、きちんと演奏したら一五分くらいかかるものもある。それに踊りの内容も、例えば「かせかけ」というのは、高貴な家の娘が「愛しい人のためにトンボの羽のような着物を織ってあげましょう」というものなんだよね。そういった芸能が巷におりてきた時、農村、海や山で働いている人達が、きつい労働の合間に見て楽しむにはあまりにも退屈すぎたし理解もできなかった。だからそのあとに「花風（はなふう）」であるとか「谷茶前（たんちゃめー）」とかが生まれてきた。庶民の生活を題材にした掛け合いのおどりだね。予備知識もなしに踊りを見ると、紅型を着て足袋をはいてゆっくり踊っているのが新しくて、素足で芭蕉とか庶民の質素な着物を着たテンポの速い踊りが古いものみたいに見えるけど逆なんだよね。

宮廷で踊っていた人達も生活していかなくちゃいけないから、今見てくれる人達に流行るものを常に作らなくちゃいけない。今では「古典」とか「伝統」とかって言われているけど、その時代にしては全く新作だったものもあるんです。

古典音楽というものは、それを全てマスターするには二〇年かけても三〇年かけても足りないくらいの量があるんです。四、五〇〇年続いた琉球王朝の中で育まれてきた芸能だけあって、たくさんありますよ。その中から、どちらかというと今の人達に流行るものを選んで、僕等は演じているのかもしれない。

古いものは古いものでいいんだけど、見る人のためにどういうステージの作り方をすればいいのか、というのをいつも考えているから、色んなものをまぜて一つのステージを作るんですね。

僕等がやっているのはステージ芸能だから、見に来る人達が好むものじゃないと意味がない。特にこの辺り（国頭）は那覇などとは違って、そういうステージを見にくる人達というのは限られてくる。都会では同じ舞台を何日間か連続でやっても毎回違う人が観に来るけど、ここではそうではない。だから舞台を企画する時には毎回工夫しています。

――八重山について集中的に調べていたこともあって、沖縄本島の文化について不勉強なのですが、北部でも盆にはエイサーが主流なのですか。

北部の他の市町村のことはよく知らないけど、国頭村でお盆にエイサーが行われるところは少ない。お盆の行事で多いのは「七月モーイ」。主に女性が、輪になって歌にあわせて踊る。盆の行事とは別に国頭には、「シヌグ」[注12]といって、山の神様に農作業の安全や豊作を祈願し、お礼をするための行事がある。女性が輪になってウシデーク[注13]という太鼓をたたいて、神様への感謝を歌うんだね。ウシデークというのは女性の役割。なぜかというと、神に近い存在だから。それに対して男の人達がやるものがない。女性が手の平サイズの太鼓をぽこんぽこん叩くのに男がそれと一緒じゃ格好がつかないから、しめ太鼓や大太鼓をもって勇壮にばんばん打ち鳴らしながら、お盆のときに先祖を送るために踊る。今まではエイサー曲という定番の曲が主流となっていたけど、最近では、その時に流行っている曲とか、太鼓のとん・とんというリズムやとどん・とんというのにあった曲をもってきてそれに踊りを振り付けたのが、今の創作舞踊的な、見せるためのエイサーの始まり。もうひとつの由来は、ニンブチャーという念仏踊りだね。屋慶名とかのエイサーというのは独特でしょう、僧侶のような格好をしてパーランクーという小さい太鼓をクバの骨（葉の芯）でできた小さなバチでパチン・パチンと叩きながら踊る。お坊さんが太鼓をたたきながら物乞いしてまわるでしょう、それをまねて芸能化されてはじまったのがニンブチャーという念仏踊り。白と黒の衣装にタオルをまいて、パーランクーにほそいバチを持って踊る。

　そうやってひとつの芸能が生まれたけど、ただ若い連中が集まってエイサーを踊って酒を飲むというのではあまりおもしろくない。お盆というのはみんなあちこちにちらばった親兄弟が集まるから、どうせみせるなら人が多い時がいい。沖縄で、シチグヮチショウガチ（七月正月）というでしょう。七月のお盆と正月には人がたくさん集まってごちそうがでたり、楽しいことがあって賑やかなんだよね。だからおめでたい奴のこともシチグヮチショウガチと言うんだけど。ハハハハ。それに輪をかけて楽しく過ごそうということで、お盆の時にエイサーが各地で盛大に演じられるわけ。信仰と風習がうまい具合にドッキングして、巷の大イベントとして今では定着している。

沖縄にはトートーメー（位牌）なんかを通して、祖先をあがめる信仰がある他に、農業の神、海の神、山の神というのがいるよね。家のなかにも台所には火の神様がいて、要所要所に神様がいる。芸能もそういうことに少なからず関係していると思うよ。

「ウヤファーフジと自分を繋いでいるものは、電波や言葉じゃなくて気持ち」

——沖縄に来てからよく聞くのが、色々な行事があるから、長男のお嫁さんは大変だということなんですが、やはり、若い人の中ではそういった信仰や行事から離れていく傾向があると解釈していいのでしょうか。

仏教やキリスト教では崇めているもの、象徴はひとつだよね。だけど沖縄ではそういった、強力なただひとつのものというのがない。ただ、自分がここにいるのはお父さんやお母さん、先祖のおかげだ、っていうことで祖先崇拝の信仰が強い。それで、このトートーメーっていうのが重んじられていて、それを直系の男子、長男が継ぐべきだという考え方がある。でも今の若い人にとっては、トートーメーそのものが、一年を通してやるべきことがたくさんある「厄介なもの」っていうのが強い。だから誰が継承するかとなった時には原則的に、まず長男、だめなら次男、となっているようで、「持つべき人」がいない場合、あるいは何らかの理由で行き場を失ったトートーメーがお寺などに預けられるというケースも少なくはない。

最近そういう信仰心が薄れてきているというのは結局、何をやればいいのかわからない、ということなんだよね。トートーメーを預かっても何をやればいいかわからない。知らず知らずに何かをやらずにすませているんじゃないか、だから何か不幸が起こった時に「何かをし忘れていたからじゃないか」というのはこの辺ではよく言われること。そういうこともあって厄介なものとして思われがちだね。

トートーメーのある家では、何月何日にはこれをしなくてはいけない、とか色々な決まりごとがあるんだけど、そういうのは法律とか、文書にして定められているものでもない。だから、おじいさんおばあさんや両親と同じ家で暮らす中で教わっていった。でも、今の若い人がその風習を教わったとしても、毎朝お茶を供えるとか、毎月一日、一五日には供え物を変えるとか、そういった行為の意味がわからない。昔は、人は死ぬとグソー、あの世だね、そこに亡くなった人が生活していると考えられていた。今もそうだけどね。お墓を仮の家としていて、魂は天国で生活している。その通信の窓口になっているのが仏壇、トートーメーと考えられている。だからお供えをしたりするんだけど、なぜそういうことをしているのかっていうのを習う機会もないでしょ、今の若い人たちは。

――折りに触れて、家でそういう話をする機会というのはないんですか。

ほとんどないね。あったとしても教える側が「これはやらなくちゃいけないものだから」「お父さんお母さんにやりなさいといわれているから」という考え方の人がほとんどだと思う。昔はほとんどの人達が十分な教育もうけていないから、どうしても先に生まれた人達が偉い。その人達に「こうしなさい」って言われたら従うしかなかった。そういう方法で昔からの伝統はずっと受け継がれてきたんだけど、最近は教育もある水準までいきわたっているから、みんなが「自分自身」というのを持つよね。みんなが自分なりの価値観でものを選んで決める。だからこそ、トートーメーをどうする、となったときに、「いや、俺は継ぎたくない」という連中がでてくる。

厄介だとは思っても、誇らしく思うという人はほとんどいないね。昔は由緒ある、名のある家系、ムートゥヤー（元の家）のトートーメーを持つ時は誇りに思っていたんだけどね。ここから始まった、という「元の家」を継いでいる人というのは誇らしくあるべきだというのがあった。王家に由来するとか、王家と親交のあった由緒のあるトートーメーだ、という誇らしい思いがあれば価値も生まれるし、それを継いでいくという判断もできると思う。でもそういう家は一部だし、ましてやこういう田舎にくればくるほど、そういうのはなくて、自分の家の家系図とかも何代上までしかないという家がほとんど。長い家系図があれば、先祖がたくさんいて自分がいるんだと思うし、これから下を書き綴っていかなくちゃいけないないなという使命感も生まれてくる。でもほとんどそういうのはないから、あやふやなところが多い。それもあって離れていくし、厄介もの扱いするんだね。

トートーメーは自由に移動させることもできない。北部には空家がけっこうあって、誰かに貸せば、家も荒れずに済むし収入にもなるだろうと思うんだけど、そこにはトートーメーがあるから、ということでそうできない。トートーメーをそこに残して、その家の人はよそに住んでいるんだね。

沖縄では家を新築する時に、仏壇をそこに置かなくちゃいけないと思う人とそう思わない人ではいろいろ違ってくる。昔は仏間というのは中心的な場所だったけど、今は家をつくるときに中心にするのはリビングでしょ。じゃあ仏壇をどこにもっていくかというときに、隅っこに置かれたり、おばあちゃんの部屋に置いたり、ということになってくる。内地のような、移動できるような仏壇でもないし。中には、自分の住む家とは別に家をたてる人もいる。仏間だけの家で、行事のときはそこでやるんだね。

今の若い人たちにも「トートーメーは高貴なものだ」という意識はあるんだけど、でもそれを中心にして物事を決めるかといえばそうでもない。かといって粗末に扱うでもないという、とても中途半端な位置にある。「あなたにとってトートーメーとは何ですか」と聞けば、高齢の方は「自分の祖先を祀っているところであり、大事にすべきところだ」と思っている人達が多い。若い人はそうでもないね。正月とかお盆になればみんながお中元とかお歳暮をもってきてそこに置いて、期間が過ぎたらみんなで分ける、ぐらいの感覚でしかない。お正月とかお盆には一応教えられるけどね。ここに向かって座って線香を立てて、手を合わせなさいと言って「健康でいられますように、勉強がよくできるようになりますように」ってお願い事をするわけさ。でもその願いごとが実になったときに、ご先祖様のおかげでこうなりました、とまで思う人は少ないと思うよ。だから、これから先はかなり簡素化されるでしょうね。

僕の家はもともと本家でもないし父も次男だから大きいトートーメーはない。でも父は自分の位牌をつくらなくてはいけなくて、それに僕も入る。次男三男は自分から始まるんですよね。でも、このままずっといったら沖縄はトートーメーだらけになってしまうよね。位牌とかそういう制度は王府時代からだから、あれから何百年位しかたっていなくて、せいぜい何十代だから小さい位牌で済むけど、自分の子や孫になればどんどん大きくなる。自分らは今その中間にいて、継承していかなくちゃいけないんじゃないかな、と思いながらも、反面、やるべきことがあまりにも多すぎて大変だというのがある。実際に自分が継ぎましょう、という事になったら、毎日の事、月々の事、年々の事をやっていけるかっていうとなかなかやりきれないと思うね。

よくウガンブスク（御願不足）と言うよね。「拝むのが少ない」という事だけど。自分の身に良くない事が続くというのはウガンブスクじゃないか、といわれることが多々あります。それはトートーメーにまつわることをずうっと根気よく続けていくための戒めの言葉であって、必ずしもそれが原因ではない。そういう言葉も生まれるくらい大事なものといわれてるけど、現在はその内容も、何をすべきかもわからない、と思っている若い人達がほとんどだと思う。

親やじいさんばあさんが仏壇にむかって家の事を報告したり、誰がこういう事をしますから見守っていてください、とか家族の健康を祈っているのを見ているだろうけど、それも方言じゃないと通じないと思っている人が多いみたいだね。でもそれは違うよね。結局「ウヤファーフジ」（祖先）と自分らを繋いでいるのは電波や言葉じゃなくて気持ちなんだよね。だから、僕は今の言葉でもいいと思う。「おばあは仏壇に向かって、方言で何て言ってるの」と言っても訊ける事じゃない。決まった言葉はなくて、今の事を報告したり、お願い事を淡々と言っているだけだと思うよ、きっと。

――私もそうなんですが、見えないものをなかなか信じられないからというところもあるんでしょうか。

今はそういう考えのほうが強いでしょ。死んだら死後の世界があって、亡くなった人達がいるという事を昔の人は本気で信じていた。今はいろんな情報源があって情報が溢れている中で、そういうものを信じなさいといっても無理な話だと思う。だから若い人がそういった伝統的なものから離れていくのは明らかなことだね。

——少し話題は変わるのですが、沖縄には北部を中心としてキジムナーの話が伝わっていますね。これも、科学的に存在が証明されているものではないですよね。

北部一帯に暮らす人達は、山で木を倒して製品にして、それを売って生計をたてていた。今の六〇、七〇代くらいの人はみんな薪や木炭を運んだりした経験があると思う。そういった人達が、おじいちゃんとかお父さんとかと一緒に山に入っていた人達の話を聞き伝えてきた中で、キジムナーの話がでてくることがある。赤い毛の小さい子供の姿で、裸に近い格好で、土色の肌で目がくりくりしていて……そういうのを実際に見たという人もいる。

木を倒して生活していた人たちは、大きな木には精が宿っていると信じていた。大きい木を切るときは泊り込みで作業をするんだよね。前の日から一人が山に登ってその準備をする。プランも立てなくてはいけないし、雑草を刈ったり、倒れる方向の障害物をどかす。最後には木に向かって供え物をして祈る。何十年も生きてきた木だから、自分より先輩だよね。木を崇める気持ちから、そこには精が宿っていると信じられていた。でも自分達も生活があるから、倒させてくださいとお祈りをして、その晩は宿で休む、というのが普通の形だった。

それで、夜中に山小屋で休んでいると、巨木がばりばりばりばり……どかーんと倒れる音が聴こえるんだって。大きい木がまわりの小さい木を薙ぎ倒して、自分の小枝も折りながらばりばりと音をたてて地面にどかーんとたたきつけられるすさまじい音。これでびっくりして飛び起きて、その木の所まで行くとしっかり立っている。そして、おかしいな、と思いながらも夜が明けて、翌朝木を倒す時がくる。翌日は樵がたくさん来て、斧やのこぎりをいれて木を切る。するとその時、ゆうべきいた音とまったく同じ音をたててその木は倒れるんだって。そういった事を経験している年輩の方が結構いるらしい。そして夜に聞いた音は何かというと、切られてしまう木に宿っている精が、その木から出て行く音だ、と昔から言われているらしい。不思議な話だよね。

実は、僕が那覇から戻ってきたのはキジムナーに呼ばれたからなんです。僕がまだ那覇で仕事をしていた時期に、特別に仕事がない時は実家に帰ってきて、北部で過ごしていた期間がある。金曜日の夜帰ってきて、土日を過ごして月曜日の朝職場に戻るという生活が三ヶ月くらい続いていた。実家に帰ってきていたある時、夜に友達と遊んで、車で家に帰ってきたら夜一時過ぎになっていた。とても眠たいでもあるし、夏で寒くもないから、車でしばらくうとうとして休んでいたら突然、巨木が倒れる大きな音が聞こえた。それでびっくりして飛び起きた。車庫に戻ってから時間もたっていなくて、熟睡しているはずもないから夢じゃないんだよね。しかも、細い木が折れるポコッていう音じゃなくて、めきめきめきめきっていう、木が裂けて倒れるような、ものすごく怖い音だった。それで急いで車から降りて家に入ったら両親はぐうぐう寝ている。翌日訊いても、そんな音は聞いていない、と言うから、その音を聞いているのは僕だけだった。変だな、と思ったけど、翌日は仕事だったからまた那覇に戻った。次の週末も特に用事がなかったから実家に帰ってきたら、家の隣は木が生い茂る山だったのが、重機が入って木が切り倒されて整地されていた。景色が一変しているから驚いて「どうしたの」と訊いたら「そこに家を建てる工事が始まったんだよ」と言う。「いつから始まったの」と訊いたら「月曜日だったかねー」と言う。僕が物音を聞いた翌日から始まっているんだよね。

自分は昔から、いつかは国頭に帰ってきて、国頭に生活の拠点を置くべきだと思っていた。それをいつにしたらいいか全然決めきれないでいる時だったわけさ。その時にそういう出来事があった。だからきっと、もう帰ってきなさい、という合図かもしれない、と思ったのよ。そういう時期なんだ、帰ってきなさいという合図だったんだと勝手に決めて、会社を辞めて家に電話して、引越しするから手伝いに来てくれと父親を呼んで、土日でぱたぱたと荷物を積み込んだ。それで、どこに運ぶか、と聞かれたから「家に帰るんだよ」と言った。親はびっくりしていたね、自分が何も言わないから。ええー、もう帰ってくるのか、って。それからずっとここにいる。もう十一、二年前の話かな。こういうのは沖縄の人の気性なのかな。くよくよしないでぱっと決めたんだよね。

――やっぱり、沖縄の人に独特の気性というものが存在するんでしょうか。

よく、沖縄の人は「なんくるないさ」とか、「てーげー」っていうよね。この二つは一緒じゃないんだよね。二つが同じ意味だと思っている人達がたくさんいるみたいだけど、なんくるないさ、というのは、自分にはこれくらいのことは乗り越えられる力や信念があるから何とかなるだろう、という時に「なんくるないさ」という。あるいは相手に対して、その人が「自分にはこのことができるかな」って心配しているのをみて、この人にはそれを乗り越えるくらいの度量や知識はあると思った時に「なんくるないよ」という声をかける。それに対して「てーげー」というのは、よく「適当」って言うよね。詳しくいえば、沖縄には温厚な人達が多いから、あなたができなくても怒る人はいないよ、誰も怒ったり、なにかがパーになったり、気分を悪くする人はいないよ、だから、気張らなくてもいいよ、というときに「てーげーでやりなさい」というわけ。ぜんぜん違うよね。

トートーメーのことにしても、風習の理由をこういうものだと教えなかったお父さんお母さんにも責任はあるのかもしれない。それこそ「てーげー」だったんだね。でもその時その時でなんとか乗り越えている。「なんくる」で生きてきているよね。それも沖縄らしさなのかもしれない。自分も含めて、まわりの人の考えはこんな感じだね。

ウシデーク（国頭村安田）

シヌグ（国頭村安田）

撮影　国吉真太郎氏

死を看取るこころ　ターミナル・ケア

第一章において、石垣島宮良に伝わるものを中心とした伝承や民俗を通して、古くから共有されてきたであろう死生観へのアプローチを試みた。

祖先が住んでいる世界を物語る神話や伝承、そして死者をその世界に送りだすための具体的な儀式は地域によって様々だが、大まかに見るといくつかの共通項も見い出す事ができる。

例えば、生命活動を維持するエネルギーとしての「魂」や、行き来が可能な「他界」を想定し、共同体の中でそれを共有していた人々は、死後に待ち受けている出来事について少しは想像しやすかったかもしれない。遺体に触れ、死を身近に感じる事で、心ゆくまで死者と対話が出来たかもしれない。

自分の身に極めて近い形で「死」というものに遭遇した時、私達は、それを頭で理解するのと同時かそれ以前に、身体的・精神的にも受け止めなければならない。その時にこそ人間は、死にまつわる文化や宗教というものを必要としてきたのだろう。

現在も世界中のほとんどの人が、それぞれの属する文化や宗教上のしきたりにおいて、死者を弔い、見送っている。誰かが死に行く場面に立ち会った時、個人が何かしらの行動を起こすにも、どのような死生観・宗教的背景があるかにしばられていると言っていいだろう。

インタビュー「あの世への想像力」では、四人の方の宗教的な意識についても断片的に伺うことができたが、個人・世代間でその強弱の差は拡がりつつあるのかもしれないと感じられた。

医師の岡田安弘氏は、生物学的な観点から死や末期の状態を見つめ直す中で、人間の存在を肉体だけに還元することには無理があるとし、「宗教的教育」や「こころのケア」の必要を唱えている。また岡田氏は、日本のホスピス病棟設立の先駆けとなった淀川キリスト教病院の柏木哲夫氏が、終末期における患者の死の受容について、「何らかの信仰を持っている人は自分なりの死後の世界を確信でき、死の受容を遂げやすく、後に『心の澄み』が残る」と報告している事をふまえ、ターミナルケアにおいて必要な「宗教性」について次のように述べている。

「ここで宗教とは何かを論ずることはできないが、宗教は物質と物質の関係の追及に基礎を置く近代科学医療のもっとも欠けているものを与える可能性を持っているように思われる。〈中略〉人のこころに深く定着してきた宗教は、何らかの形で人間の有限性と無限性を主題にしてきた。

そして神や無という無限性の中に有限な自己を見ることによって、救いを見るものであったと思う。〈中略〉その意味では、現在日本でも重要視されている宗教的背景を持ったホスピスやビハーラの役割はきわめて大きいと言わねばならない。それらの役割の中では宗教宗派を超えて、有限と無限を問題とする宗教性が大きな機能を持っているものと考えられる。」(引用5)

古今東西の民族がどのような死生観を持ち、どのような葬送儀礼を行っているかを眺めわたし、改めて考えてみると、現代医学や現代生物学の人間観・生命観はきわめて特殊なもののように思われる。現在の医療現場において、命を永らえさせる技術が発展しているにもかかわらず、過剰な治療といわれるものを多くの人は希望しない。それはおそらく、自分の力でこの世にさよならを言い、周りの人に感謝をもって安らかにいのちを終えたいと考えているからだ。私達は最後の最後まで、自分の人生というものの意味を考えずにはいられない動物なのかもしれない。そしてその意味を考える時、宗教というものが人間のそばに寄り添い、機能してきたのだろう。

ここからは、死に向かう人の看取りについて意識的に行動なさってきたお二人のお話を収録する。

玉城享子さんには義理のお父様を看取られた体験から、沖縄の伝統的な精神文化・他界観による死の受容についてお話をいただいた。玉城さんには一年ほど前に、その体験を親しい方々にあてて書き綴ったお手紙を〈研究の参考のために〉というご好意からいただいた。インタビューではそのお手紙にそっていくつか質問をさせていただいたので、玉城さんの文章を先に収録した。お手紙にはお父様の病状や周囲の方々の気持ちの変化が克明に書き綴られていると同時に、故人を見送るためのひとつひとつの儀礼に深い意味がこめられている事が伝わってくる。

石川美智子さんは長年ホスピスのボランティアをなさっておられた。日本においてホスピスというものが法的に整備され、その運動が浸透してきたのはここ数十年のことである。石川さんによれば、アメリカを始めとする西欧諸国では、患者に対して病名や余命の告知をする事が(日本に比べて)比較的容易であるという。そういった事の背景には、大雑把な分類かもしれないが、キリスト教圏とそうではない地域という宗教的な要因も関係しているのかもしれない。いずれにせよ、ホスピス・ケアの基本は患者に対する深い人間理解であり、そこには多分に宗教的なものが作用している。お二人のお話を伺って、普段はなかなか意識することのない、自分の中の「宗教性」について考えさせられた。

インタビューV

玉城享子（一九六〇年生まれ）

「喪の時ほど、人のあたたかさがわかる」

玉城さんは石垣市のご出身で、二、三歳から高校までは石垣で暮らされていた。以前から伝統的なものへの関心が深く、お祭りなどにも積極的に関わられ、豊年祭には石垣島に帰省されるそうだ。現在は那覇で看護婦をなさっているが、以前、東京で病院に勤務なさっていた時はターミナル看護にも関わっておられたという。東京で亡くなっていく方を看取ったり、様々な方にふれあって看取りをする中で、沖縄の文化をあらためて思い返す事が多くなったという。私が玉城さんにお会いしたのは、二〇〇一年一二月一六日に県立芸術大学で行われた八重山文化研究会での事だった。その時私は八重山の事例を中心とした、沖縄の民間信仰にみる死生観についての研究発表をした。その場で玉城さんから以下のお手紙をいただいたのだった。その詳細な記述の中からは、沖縄の伝統文化の奥行きがたちあらわれてくるように感じられた。文化の発露は、ひとりひとりの人間の中にこそある。今回インタビューをしてみようと思い立ったのも、玉城さんにこのお手紙をいただいた事が大きなきっかけとなっている。お手紙にそって、キーワードとなるものを中心にお話をいただいた。

玉城享子さんからいただいた手紙

――「父（義父）をみとって」

「あのネエ、僕はみそ汁の中には何でもぶっ込むんだよ。その方がおいしいのができるよ。この前はネエ、リンゴとバナナを入れたけど、リンゴはおいしかった。だけど、さすがにバナナの皮だけは食べられなかったなあ。」「エエッ?!、ウソゥッ!!、信じられない!」「果物まで、いくらなんでもみそ汁に入れるってあるねぇ」「バナナも本当に入れたの? 皮なんて食べられないのは、当たり前じゃない、全く信じられないよ!」父が皆を腹の底から大笑いさせた思い出の一場面です。声が大きく、元気のいいユーモアたっぷりの父（義父）でした。

わが家は二〇年程前、父の事業の失敗に伴いすべてを失い父が会社の全責任を一人で負う形で家族とも別居した。

息子である夫は、私と結婚する時から「僕は沖縄へ帰ったら先ず仕事を創る。そしてそれが落ち着いたら次は家族をまとめる。僕の家は、家を失ったから家族がバラバラになった。だから皆が住む家が必要なんだ」仕事を興して五年たってから、突然のように家捜しは始まった。「享子、もう一つランク上のアパートにと言ってたけど、どうせなら家を買おうよ」と。捜し始めたら、二週間後には、皆が気に入る物件がみつかった。

父、母、私たち、と一挙に三所帯が一つになって、まだ、それぞれの生活のスタンスとペースがつかめないうちに事件はおきた。

三年前の蒸し暑いその日、夫は母が作ったソーキ汁があるのを思い出し、遅い昼食をとっていた。すると父の同僚が来て、気分が悪い父をそこで降ろしたけど、家にちゃんと戻ったか確認しにきたというのである。頑固で病院受診をかたくなに拒否していたと。あわてて捜すと、父は路上でタバコをふかしていた。以前にも似たようなことがあって安静にしていたら治ったから、今回も病院へは絶対行かないといい、自宅で休んだという。夕方帰宅した妹は、会社で煩わしい事があって元気がないものと思い、ゴーヤーチャンプルを姉に電話して作ってもらいに行った。それと入れ違いに帰宅した私、「ただいま」「…………」いつもなら大きな返事が返ってくるのに、返らない。父の部屋へ入ってみると、タバコを吸いながらボーッとしている。言葉は出ないが、手足の麻痺がまだないのを確認。…………よかった……脳梗塞、これだけで済みますように…………祈るような気持ちであった。

結婚当初、父が車椅子になった夢をみ、又、一日八〇本ものタバコを吸い、これまで男一人の長い生活を考えれば、当然脳卒中、その他の成人病（生活習慣病）のリスクは高いので、覚悟はしていたが…………。

しかし、皆がいる中でよかった。急ぐようにして家を購入させられたのも、そのためだったかもしれない。命があって本当によかった。

入院三日後、父は右半身も完全麻痺してしまった。母は、その頃はとても混乱している様子だった。予想していたとはいえ、家族が病気を受容していくということは、こういうことかと、患者家族の思いをしっかりわかりなさいと示されているようで、私自身も無我夢中だったと思う。

リハビリが開始され、多くの同じような方々から、「玉城さん、頑張ってよ、まだいい方だよ、僕はもっと大変だったけど、ここまで回復したよ」という励ましが、父を勇気づけていった。その頃から父に変化がおき、言葉なき姿からも、頑張ろうと意欲がみえ、同室者とも仲良く明るく楽しく過した。私自身、少々辛いことがあっても父に会うことで、何故か元気になり、大いに励まされたのだった。

沖縄にはウッチリクブサーという張子人形がある。旧五月四日ユッカヌヒーなどで、子どもが初めて手にする玩具の一つだが、その言われのひとつに、手足が不自由でも七転八起常に人々の心を照らす存在………というのを聞いたことがあり、正に父の存在がこの人形とだぶったりしていた。

言語療法のある他の病院に転院しても、いつもニコニコ顔の父は、皆の人気者であったようだ。私のように幾人もの方々が、父の笑顔に勇気づけられ、心が癒されていったのではなかろうか。

そんな父に今夏、元気がなくなった。たまたま撮った胸部レントゲンで、胸水貯留が疑われ、二、三日後に発熱、あっという間に左肺野は胸水でいっぱいになり、それを除去するため管が入れられた。その結果、小細胞性の肺癌の診断。

「あと六ヶ月ぐらいでしょうか」と主治医。医師は、家族皆に集まってもらい説明された。「呼吸苦をとるために先づは胸水を抜いてから、胸膜癒着術を行いたい。本人への説明は家族の意向を聞き、できれば抗癌剤の点滴も一回はトライしてどうか。副作用が出た時点で中止することもできるし。そして症状が落ち着いた時期に、最後になると思うので、自宅に帰っては…………。家人一人一人に説明することはできないが、今日のように皆が集まって説明を聞きたいというのであれば、電話予約さえすれば、いつでも応じます。家族でよく相談の上、今後どのようにしたいか決めて下さい」と。家人皆が同時にきき、また納得のいくまで応じるという主治医の姿勢は、家族にとってとてもありがたかった。

数年前、娘を癌で失った母は、娘が抗癌剤でとても苦しんだ姿をみて、このようにはさせたくないと思った。父の癌のタイプ（小細胞性肺癌）は比較的治療効果がよいと言われているが、延命ということと、苦痛の出現を考えると、私たちは苦痛の除去のみという道を選んだ。

しかし、その旨を主治医に伝える前に、ＭＲＳＡ[注14]に感染してしまい、それどころではなくなった。少し落ち着いた頃幾度か自宅へ帰ることを奨めたが、病院がいいという。もともと不自由な身が管や点滴、酸素吸入でベッド上安静となり、また倦怠感や痛みで動きたくなくなったようだ。

「痛みは我慢しないでいいよ。痛み止めも痛み始めてすぐ使った方が効果もあるから、我慢しないでね」訪室の度、身のまわりの世話をしながら父に伝えていた。

私にできる癌看護、死にゆく父のケアって何だろう。身体的・精神的、そして霊的にもすべてにおいて悔いのないようにしよう………。

母は毎日のようにシンジムン（煎物）や父が食べられそうなものをこしらえて持って行った。姉も毎日、身のまわりのケア、洗濯等、これまで以上にやって下さった。

男一人の生活から、今は家族皆が父のためにそれぞれができる事を尽くす………。

アニミズム（自然崇拝）、祖先崇拝の文化土壌の中で育っている者にとっての安らかな死、その後の歩み……。

知人のユタ（シャーマン）の上原さんに話を伺い、父が生まれ育った場所や、会社があった所、生活をした所ｅｔｃの大自然の聖地（御嶽、御泉ｅｔｃ）に父のこれまでの歩みを私なりに整理し、思いを祈りに託した。

そしていよいよターミナルを迎える頃になった。九月三〇日朝は、台風だった。午前中は、間質性肺炎を併発した父の側にいた。昼前に出勤、しばらくして急変したというデンワがあった。

痰が出せず、吸引が十分に行われるまでの間、冷や汗、チアノーゼ、心拍数低下と病棟は慌てたようだった。それから、家族のつきっきりの看病がはじまった。家族にとって苦痛表情は胸を突き刺すように辛い。吸引も苦しいので、ギリギリのところで行う。ところが手技が悪いと、モニター上の心拍はストーンと落ちてしまい、皆ヒヤっとしてしまう。

夫は私に「父のような患者って、沢山いるんでしょう。だのにフェイスマスクに窓があって、そこから吸引するようなことは考えないの？　マスクをはずすと、こんなに具合悪くなるのに」など、私が考えもしなかったことをポンポン言う。

夜間、父が目を開けると「大丈夫よ。ずっと付いているからね。安心して休んでいいよ」と言うと、又静かに目を閉じる。宙をみるようなまどろんだ目になったりし始めた頃、父に聴いた。「お父さん、純子姉さん（亡くなった娘）にあった？」「うん」とうなづく。「カナおばぁは？」………「うん」「じゃおじいさんにも、皆にも会ったの？」…………「うん」「そう……お父さん……ずいぶん長く苦しかったね……もう心配することはないよ、大好きなお母さんの元へ帰れるんだからね。…………お父さん…………これまでありがとう。私ね、お父さんからとても大切なこと学んだよ。ことばを失ったお父さんの姿みていて……お父さんの姿は、生き仏にみえることも毎々あったよ。人としてとても大切な宝を私に教えて下さって本当にありがとう。家のことは心配しないで、幹男と仲良くお母さんのことも大事にしていくから。お父さんも、私たちのこと心配しないで、自分の行くべき道へ行っていいよ。本当にありがとう。」握っていた手を父は大きく握り返し、うなづきお互いに涙していた。

翌日、血圧が九〇をきった時、看護婦は医者の指示の昇圧剤を点滴しようとした。何もしなければあと数時間の命。しかし、私は点滴を断った。死に行く父を見守り続けている家族は、そのまま苦しむことなく、安らかであれば悔いることはない。家族はこのまま自然にみとりたい。皆は今父と共に、この時を過しているのである。

父は亡くなった純子姉さんの娘がずっと手を握る中、十月二日午前二時三〇分家族姉妹、皆の見守る中安らかに昇天された。

そして、父の姉が丁寧にヌジファアして下さり、やっとわが家へ帰ってきた。

お通夜では、親戚の方々がいらして、棺の中にこれまで亡くなった親戚、知人の方々への土産といって、タバコやお菓子など一つづつ白紙に包み、故人の名前を書いた物を沢山入れていた。焼香にいらしたユタ（シャーマン）の体を借りた父は、「これからは心を入れ替えて勉強したいので、ノートと鉛筆が欲しい」と話しておられたので、私はそれを入れた。また、夫は、沖縄では通常の家庭でも行われる新聞への死亡広告の文面を考えていた。

葬儀は、葬儀社と村の青年団の協力により、父の生まれ育った部落汀間の共同墓地前で、テントが張られ、祭壇が供えられ行われた。お坊さんも部落の死者に対するしきたりに協力的な稲福さんという方にお願いした。

那覇から高速をゆっくり走って一時間半、遺体は名護葬祭場で火葬され、骨はジーシガメ（沖縄の骨壷）に入れられた。告別式は午後四時より、司会は汀間部落の区長ですすめられた。

多くの参列者の方々の焼香が終わって後、納骨の儀が墓地で行われた。汀間ではアジ墓と言って、汀間部落を創設した方で部落を守る神の墓が入って右側にある。その左には共同墓と洗骨墓が並んである。我家の墓は、更にその左側にあり、共同墓から分家した個人墓である。一九六三年、夫の祖父が汀間において火葬の第一号で、その頃から個人墓が分家されている。我家では、確定できたひ祖父からの骨が個人墓にあり、それ以前は共同墓にある。

私達はアジ墓から順にごあいさつをして後、自分の墓へ行った。黒い傘下で抱いていた骨壷を納骨して後、墓前には、メージュクヤーという沖縄独特の白い祭壇が置かれた。

私達は、初七日までの一週間、毎日そこで焼香するため那覇から通った。

七、七毎の法要も先づアジ墓そして共同墓への拝み（祈り）そして、父への焼香が部落の方々と共に行われ、供えた果物やもち、菓子重箱を故人を偲びながら皆でいただく。そして十二時三十分頃には、那覇の自宅での法事にむけて、墓を後にする。

四九日には、父の白い位牌は祖先の位牌の中に書き入れられる。ところが我家には、兄弟重い（チョーデーカサバイ）ということで父の代に分けた直系方と三代上のおじさんの位牌の二つがあり、次男である父は養子という形でおじさんの位牌に入るものときいていたが、迷った。それで母とおばさん達は稲福さんの所まで習いに行き、結果おじさんを長男家系に戻し、父の位牌を新しくお仕立てすることになった。

四九日までは、仏壇も新しく作り替えられた。四九日のその日は、部落の神女の方が墓でも立派な拝みをし、また墓とどめまでして下さった。そして、この間使用された諸々の物を焼いた。

自宅に戻ってからは、三代上のおじさんの位牌を直系の位牌に魂をおともし、祖先をきれいに祭って後から父の四九日の法事に入った。父の白位牌は、新しく仕立てた琉球漆器の立派な位牌に魂を導いてその白位牌を焼いた。そして、それぞれの新しい香炉の灰は、墓は墓の香炉に、自宅は新しい父の香炉に入れてつなぎを行った。

焼香が終わる夜九時頃から、神女の方は死者の魂を門まで送り届けた。

そして家族は仏壇のある部屋に円になってマブイワカシを行った。それは、生きている者と死んだ者との魂をきちんと分けるもので、生きている者の魂を、迷うことなく自分の身体に入れるものである。

そして、翌日には屋敷とどめという屋敷御願をした。不幸を出した屋敷の神々に対して、不幸はもうこれまで。ロゲーシ、足ゲーシ、今後は幸せが福の神が訪れますようにと祈る行事であった。

こうやって、先日、すべての七・七法要が終わり、改めてお世話になった皆様にお礼を申し上げたくペンを執った次第です。ありがとうございました。

亡くなった霊魂は、今やことばも体も自由になったのでしょうか？　新しくなった仏壇に手を合わすと、季節はもう秋の風が優しく肌にふれます。

父はユタ（シャーマン）の体を借りて「長い間苦労ばかりかけて申し訳なかった。短い間だけだったけど、家族がひとつの屋根に住めたことは、とても嬉しかった。本当にありがとう」と話しておられました。私たちは、シャーマンによって癒され、改めて沖縄文化の深さに感じ入っているところです。

ありがとうございました。

一九九六年十一月

（手紙　終わり）

――東京でターミナル・ケアに関わられていた時期に、沖縄との違いを意識されるような事はありましたか。

東京時代の私は、沖縄での身内の死を体験したことがなかったので、さほど違いを感じるような事はありませんでした。ただ、その人の最後を看取る中に立ち合わせていただくと、その人の背後にあるものを大切にしたいなあと思いました。沖縄に帰ったら、まず沖縄の生死観・精神文化を学ぼうと思ったんです。那覇についてすぐ、ある公園でこんな事がありました。一組の親子が公園の中を歩いていていました。急いでいたのか、子供が転ぶと母は、「あなたがちゃんと前を見ていないからよ」と叱っていました。可哀想に、子育てに余裕がなく、母も辛いなあと思いました。しばらくすると、今度はおばあちゃんとお孫さんが歩いてきました。偶然にも同じように、子供がつまずいて大声で泣いています。するとそのおばあさんは、子供に「よしよし」と言いながら、今度は「マブヤー、マブヤー」と小石を拾い、その子の胸に抱かせていたんです。とてもびっくりしました。そうか、私がやりたいのは、こういったことなんだと思いました。私たちが小さいときは、こんなことは普通だった。「こんなこと、東京にいるときは忘れていたよなあ」と、つくづく感じました。

——いただいたお手紙に沿っていくつか質問させて下さい。まず、「ヌジファ」とはどういうものですか。

「ヌジファ」っていうのはとても大事な概念です。亡くなった時に、魂を本人が安らぐ所にお供・移動するっていうことなんですね。今ここで本人が、息を引きとったとしますよね、そうしたら私達はその方の体、要するにご遺体を自宅にお連れするでしょう、でも、亡くなった方は、すぐに「自分は死んだ」という認識を持たない。だから魂の一部がここに残っている、って考えるんですよ。だから魂が迷うことのないように、遺体・遺骨と一緒に、ヌジファした魂も、病院から自宅・お墓へとお連れするんです。これは亡くなった御霊（みたま）の魂が、ヌジファされていないため迷っていると、何年か経過した後にでもやったりします。例えば、私の実家の場合は、戦争中に避難先で二人の子供が亡くなりました。大変な状況でしたので、ひとまずその避難場所で埋葬し、戦後すぐ火葬・納骨したそうです。戦後四十年以上たって、埋葬した土地から魂をお墓に届けました。海外や遭難等で場所が特定できないときは、沖縄本島では那覇市の三重城（ミーグシク）の海、――龍宮からヌジファしたりもします。生と死を考えるとき大切な概念じゃないでしょうか。

マブヤーグミは、生きている人が驚いたときに体から逃げてしまった魂をこめる事だけど、同じように、亡くなった方の肉体から離れた魂を安らぐ所にお連れするのがヌジファ。沖縄に戻ってきて改めて、素晴らしい概念だな、と思いました。

実際に沖縄で患者さんが入院を嫌がる時「病院のベッドには寝られない。まだヌジファされていないから」という患者さんが意外に多いの。そういった事がわかる人は多いですよ。そういう方をみているから、やっぱりちゃんとヌジファしてあげないといけないね、と思います。

――お坊さんがいらっしゃって葬儀をなさったそうですが。

沖縄では、檀家制度があるところはたぶん一箇所くらいしかないですよね。沖縄では、お寺に関する感覚は内地とは違って、お坊さんはお葬式の時だけ呼んできてお経を読んでもらう、という程度の関わりなんですね。ユタの方の組織を持っているお寺もありますが、いずれにせよ内地の感覚とは違うでしょうね。

部落のカミンチュがするような事は、普通だったらお坊さんはやりません。だから、お墓に行ってもお経をあげるだけ、という場合が多いです。ところが、私達がお願いしたお坊さんは、部落のしきたりも理解したうえでやってくださるそうだよ、という母たちの意見を聞いてお願いしました。

お墓を開けて、中に入るということにもルールがあって、同じ干支の人は入れないとか、そういった細かい決まりごとがあって、そういうのを理解したうえで関わってくださった方でしたよ。

——お手紙にも様々な記述がありましたが、お墓と位牌のあり方について教えていただけますか。

うちの墓はちょっとかわったケースかもしれないんです。汀間（ティーマ）っていう部落なんですが。「アジ墓」という、部落を創設された方のお墓があって、そのお墓のもとで最初に挨拶をして、そのあと玉城の部落の共同墓を拝むんです。

うちのおじいさんは一九六四年に亡くなってるんですけど、そのおじいさんが、その部落では火葬の第一号だったんです。この部落では、火葬を始めてまだ四〇年くらいにしかなってないんです。それまでは、一旦共同墓に納骨して何日かしてから洗骨して改めて共同墓におさめるっていうことだったみたい。部落の共同墓が、近代になって門中墓や家族墓へと分墓していったようです。それでまた自分のところのお墓で拝むっていう三段階を経てます。代々の先祖にご挨拶してから自分のお墓に挨拶するという事です。

「チョーデーカサバイ」っていうのはユタのなかでもよく問題になることなんです。男兄弟がいる場合、一般的に長男が位牌を継いでいくということになっていますよね。親と長男の位牌は一緒に置けても、次男以下の位牌は一緒に祀ってはいけないとされているんですよね。これがチョーデーカサバイ。現代は少子化社会になっていますから、この概念は崩れていくでしょうね。当時、私たちにも子どもができる予定で、お香炉を三つも四つも持つのは大変だから、次男の父だけ位牌を分ける形でまとめたけど、子供はできていないので、今後の別の課題ですね。

「墓とどめ」っていうのは、四十九日があけると、このお墓からは続けて死者はもう出さない、これ以上悪いことは続きませんように、これで終わりますように、っていう祈りです。「とどめをさす」っていうでしょう。墓の錠を閉めるというようなニュアンスです。

「屋敷とどめ」っていうのも一緒で、四十九日の間は人々がいっぱい出入りする中で、死者に対する事や法事の中身に対する良い事や悪い事、いい言葉や悪い言葉が混在していますから、これをロゲーシ、足ゲーシといって、そういったものを祓ってお清めして、もうこれでこの行事に関しては終了ですよ、という行事をするんです。

「マブイワカシ」は基本的には、四十九日が終わった後、亡くなった方と生きている人の魂を分けるために行われるんです。我が家では、家族と、親しい親族が仏壇の前で円になり、水撫[注15]でぃをして、すすきのサン[注16]で背中を祓い清めて、魂を一人一人の体におさめました。そして小さく握ったおにぎりとお重のおかずを皆で食べました。そうやって、亡くなった方がこの世に未練を残さず安心してあの世に旅出たれるようにして、生きている人は生きている人で、自分の肉体にしっかり魂をおさめていくんです。嘆き悲しみで自分の魂も亡くなった方の魂も一緒に混在していた状況から、お互いに別々の世界で生きるためにそれぞれの魂をわける作業です。これはユタの方にお願いする場合もあるし、部落のカミンチュなど、周りの方にしていただく事もあります。我が家では、そういった事ができる親戚の方にお願いしてやりました。

――ユタの方の体を借りて言葉を述べられたということですが。

どのぐらいの家でやっているのかね。私はそういうことに関心があるんですけど、私の周りの人はみんなしますね。関心がある人が多いからということです。

――そういった事をするとしないとでは何か違いがありますか。

あるんじゃないでしょうか。私はあると思いますね。私の体験は身内といっても義理の祖母や義理の父なので、他の家族とは悲しみの質は違うでしょうけど。だから断言していいのかはわからないけど、うちの家族は、本人の状態・話を聞くことで余計な後悔をせずにいたどころか、ねぎらいの言葉でもって慰められていたようでした。みんな、亡くなって後の事も、生きていた時の事も聞きたいでしょ。そして家族にできることがあれば、また供養をするんですよ。

「生きることも死ぬことも、大自然の中では当たり前のこと」

——昇圧剤を使うのを断られた、ということですが。

父のときは一切延命治療はしなかったんです。看護婦をしていて、延命治療というものを実際見ていました。人工呼吸器を使うとか、心臓マッサージをするとか。病院の方は、やっぱり父に昇圧剤を使おうとしてたんですが、父の本来の命からしたら、父は朝方には息を引き取ると思っていた。でも昇圧剤を使ったら、魂は肉体から離れていながら、科学の力によってなかなか昇天できないような状態になる、ってことが私には辛く思われたの。家族の疲労度というものもみてしまうし。これから控えるお葬式の大変さも考えながら、その時はそういう事を考えたんです。命の量、長さとしては、確かに延命はされる。でも、質的にいったらどっちがいいんだろうか、今だったら全員が揃う、長くなればなるほどなかなか揃いにくい、というような目算があって、断りました。そのままの自然なかたちで看取りをさせていただきました。おばあちゃんの時は医学的なことはもっとなにもしなかったんです。おうちで看取りましたから。

——お葬式は地域や親戚の方が中心になって行われたんですか。

沖縄でもいろんなやり方があるけど、うちのあたりはみんなでやるし、石垣でもそうですよね。業者がやるのは告別式だけ。

――そういう、自分たちが中心になってやるお葬式は、特に女性は忙しいと聞いています。静かに悲しみに浸る時間が短くなるということはないのでしょうか。

それはあるかもしれないね。人がたくさん来るから悲しみにひたる時間がない、っていうのはたしかにある。それが良いか悪いかは別にしてね。

でも、先日自分の恩師が亡くなった時に思った事があるんです。そのおうちは子供が独立していて老夫婦だけで生活していたんですが、その片方の方が亡くなったの。それを、遺された方一人きりにはできないって思うでしょ。だからそういった時に人の出入りがあるっていうことは、ある意味では空間を守って、包んでくれるという事なの。魂を守ってくれるんですよ。確かに台所は大変なんですけど、そういう意味でいえば、一概に否定はできないと思います。そのなかで人々の温かさっていうものをものすごく感じるんですよ。喪のときほど、心に沁みるように人の温かさ、ありがたさ、真心がわかる。

でも、そういう行事の大変さというのは、世代も若くなってだいぶ変わってくるんじゃないかと思います。私達の時代は、女性は何が大変かというと、要するに「亡くなった人」のための供物を用意する事じゃないんですよ。来る方々のためのお料理をつくるのが大変なんです。百人、二百人分の食事を各家庭で準備するために、寿司を注文したりお吸い物をつくったり。そういう作業が大変なんです。それをなくしてお茶だけにする、といったようなことは必要でしょうね。亡くなった方へのご冥福を祈る事こそを大事にする、というのを。
亡くなった方の思い出を共有する、偲ぶっていうことの儀式はこれから大切にされるんじゃないですか。

——亡くなった後の自分の身の処し方というものについても選択肢が増えて、献体や散骨をしたいとか、地味に密葬したいという人も増えてきているようですが。

それは選択肢があってもいいと思います。ただ、あとは残された人が、そのことをやってくれるので、本人としては「そうさせていただく」っていうことですよね。亡くなったあとは、他人にゆだねるしかないので、自分の意志を示しつつまわりに理解してもらうように、生前からよくよく話しておく必要はあるでしょうね。特に散骨や献体などは、残された家族と価値観が違うと両方とも苦しいでしょうからね。

――こういった事柄をふまえて、死んだ後の世界について感じていることはありますか。

沖縄では一般的に三本のお線香でお祈りをしますよね。おばあちゃんなどは、「ドゥーぬミフシからやんどー」言います。お線香には「一本は今生の自分からです。もう一本は、地球が誕生して以来の私に通じる祖先からです。そしてもう一本は、天界、宇宙の星星の導きからです」という三つの意味が含まれているそうです。あるいはまた、「御天（ウティン）」「土地（ジーチ）」「龍宮」と総して、自分に繋がる全ての大自然にその命の繋がりを感謝する意味があるとも聞いています。生きていることも、死ぬことも大自然の中では、これが当たり前のことですよね。ですから死後の世界があっても不思議ではないんじゃないですか。

死後の世界のことでいえば、父に「おねえさんに会った？」って聞いた、って書いたけど、本当に迎えにくるみたいよ。おばあちゃんの時にも聞いたの。亡くなる一週間前まで顔を見せないおじいさんも、亡くなる前日にはお迎えにきていたみたいよ。それで私たちは、明日明後日には……と読んだんです。また、夫とおばあちゃんは同じ干支なので、夫は、死にゆく場面に立ち会ったり、お墓には入らないでね、って言われていたんです。干支の守り神が一緒だから、おばあさんのマイナスエネルギーを受け継ぎやすい、という意味らしいんだけど。夫は素直にそれに従ったの。おばあちゃんはずっと老人ホームにいたんだけど、亡くなる一ヶ月前くらいにうちに引き取って、みんなで交代で看病をして看取ったんです。もう亡くなるよ、ってみんなで見ている時に、夫は一人で外に出ていて、その時、雲の上でおじいちゃんがカチャーシーをしておばあちゃんを迎えているのを見たんです。周りにも、もう亡くなった部落の人達が大勢いたみたい。そうやっておばあちゃんが迎えられるのを見た、って。そんな話を聞いたら、生きている人達はほっとするでしょ。幸せな気分だよね。「ああよかった。みんなに迎えられたんだ」っていう確信がありましたね。

――宮良のほうでは、鳥が家にやってくるのは、先祖がその姿を借りて訪れてくるものだと思われているそうです。そういう想像力は、少しずつ失われつつあるような気がするのですが。

そうですね。私が高校生の時、家にふくろうが入ってきたことがあったの。すると、いつもはユタごとを信じない母も心配して、翌日には判断を仰ぎに行きましたよ。やはりそれは祖先からのメッセージで、弟を心配してのものでした。私の身の回りだけでも、動物に託して訪れた祖先のエピソードは結構沢山ありますよ。ふくろうやアカショウビンなどの鳥、トンボ、蝶、蝉とかみんな祖先のメッセンジャーですよね。先祖からの便りだけでなく、大自然全てが繋がっているんですけどね。そういう想像力は失われているようにも見えますが、私の周りではそういった感性をもったお友達がたくさんいて、この頃では、増えつつあると感じているんですよ。

――最後に「悲しみが癒される」というものに限らず、「癒し」ということについて思うところがあれば訊かせて下さい。

癒しっていうのは、自分自身の魂が求めるものが、それに触れて、感じ入ることができること…本当に自分が求めるもの、魂が喜びを感じること、かな。深い癒しっていうのは、自分が本当に何がしたいのか、私の使命っていうことをみつめていったときに答えてくれるようなものじゃないかな、と思う。私自身の使命はまだわからないんですけど。自然の中に行くのが一番いいのかな。ちゃんと内なる自分に繋がっていれば、社会にも自然に繋がっていくと思う。

インタビューⅥ

石川美智子（一九三八年生まれ）

「素晴らしい生を生きるために、死はぁっていい」

石川美智子さんは医療法人社団ホスピティウム聖十字会理事や、沖縄県青少年保護育成審議会委員など数々の役職に就かれていると同時に、オリブ山病院のホスピスの立ち上げに関わり、ご自身も長い間ホスピスでボランティアをなさっていた。現在もターミナル・ケアやリビングウィルなどの問題に関わられている。大変お忙しい中、オリブ山病院でのホスピスで経験された事をお話いただく時間を作っていただいた。ホスピスに入ってきた方と精一杯関わっていくことは大変な精神力を必要とされるそうだが、普段の生活では得られない数々の気付きがあったという。ひとつひとつの出来事を心をこめてお話下さり、ホスピスでのお仕事ぶりを想像できるような気がした。いのちに限りがあることを知った時、人はたった一度手にした生命の重みを感じ、輝きを目にする。

ホスピスについて

ホスピスの語源はラテン語のＨｏｓｐｉｔｉｕｍ（温かいもてなし）であり、「ホスピス」とはもともと巡礼者、旅行者、他国者、貧困者、病人を迎え入れ、休息を提供する家のことで、空腹の人、身ごもった人、捨て子にもその門はひらかれていたという。世初期、ヨーロッパ中の主な都市や町で機能していたホスピスは、荒野の修道院や険しい峠、川の渡し場などに設けられていた。巡礼者や旅行者はそこで食べ物と宿を得て、傷の手当てを受け、これから先の精神的・肉体的励ましを得た。

やがて十九世紀に入り、ターミナル・ケアの重要性が認められ始めたころ、末期患者のための病院を「ホスピス」と呼ぶようになった。それは、人が旅路の途中、ホスピスでひとときの休息を得たように、死はひとつの通過点であり、終着地ではないという考えによるものであった。

現代のホスピスは一九六七年イギリスのロンドン郊外に開設された「セント・クリストファーズ・ホスピス」がモデルになっている。設立者は、痛みの緩和に関する研究をしていたシシリー・ソンダース医師である。彼女は看護婦・ソーシャルワーカーとしても活躍していた。

そこでは現代医学に基づく徹底した除痛のための医療に加えて、スタッフ（医療者・牧師やシスター・ボランティア）が連携をとり、身体的、精神的、社会的な症状および患者の家族に対する全人的なケアが行われる。病院が病気そのものの治癒（ＣＵＲＥ）を目指す施設であるならば、ホスピスは患者の人格に焦点をあて、生の充足のための手当て（ＣＡＲＥ）をする所だといってよい。ホスピスケアの基底を流れているのは患者に対する人間理解であり、また、異なる専門家によるチーム医療はそれを可能にするとされている。

セントクリストファーズホスピスが設立された一九六〇年代から七〇年代にかけては、世界各地で死について学ぼうという機運が高まっていた。南アフリカでは、バーナード博士によって世界初の心臓移植が行われ、ミネソタ大学では社会学者のロバート・フルトン教授が「死の教育」の講座を設けた。中でもキューブラ・ロス氏の『死ぬ瞬間』は、死にゆく人々と真剣に向かい合う経験から書かれており、現在でも多くの人々に影響を与えている。またその中には、死に至る病を宣告された時、人間がたどる五つの心理的段階が描かれており（否定：死ぬなんてことはない⇓怒り：なぜ自分が、今、死ななければならないのか⇓取引：この病気がよくなったらこれをします、などの願をかける⇓抑鬱：落ち込む⇓受容：悩みから脱していく）、その心の動きはホスピスにおいても、ロス氏の姿勢そのものとともに非常に重視されているという。

日本では幕末から明治期にかけて来日した宣教師たちの手により、ホスピス機能を持った慈善病院が各地に建てられ、結核を患う貧しい人たちの治療がなされていた。日本の経済成長とともにそれらの病院は、一般の病院と同じ業務を行うようになるが、一九七〇年代末頃から癌を対象とするホスピス・ケアを検討するところが現れはじめた。やがて九〇年厚生省の認定（末期がん患者のケアを専門に行う、緩和ケア病棟の施設基準の設定と定額制の入院料の導入）によって日本のホスピスの活動が本格化した。

那覇市のオリブ山病院では一九八三年から、ホスピスケアが開始されている。

――ホスピスは、基本的にキリスト教の精神に基づいて運営されているわけですが、沖縄には伝統的な信仰というか独特の精神的土壌があります。そういった地でホスピスの活動をなさるということと、クリスチャンの方にとっての「死」というものを少しお聞かせ下さい。

クリスチャンにとっては、死はおそれの対象ではないの。希望であり、自分にとって最も良い時に訪れるもので、祝福をもって計画されているものなのよ。人間は生まれながらにして罪を背負って生まれてくるもので、人類は滅ぶべきものであった。でも、イエス様が出現して十字架にかかり、血の汗を流して人類の罪のために死んでくださった。だから、自分の罪のために十字架にかかってくださったと認めて、信じることが必要なの。沖縄には祖先崇拝という思想があるけど、時代とともに歪んできているように感じられます。あの世に行った人が天国に行けるように祈ったりするのはいい事だけど、事業の成功や健康を祈願したりするのはおかしいんじゃないかしら。

――どういったきっかけで活動をはじめられたのですか?

オリブ山病院の院長先生がクリスチャンだったのよ。その先生がとても勉強家で、シシリー・ソンダースっていう女医さんがイギリスではじめてホスピスを作ったという情報をちらっと聞いたのが一九七七年だった。このことに関して勉強会をしてみようということで、何名かで会が始まったの。ホスピスについてはもちろん、ユング（心理学）とか基礎看護とかいろんな分野にわたって勉強しました。キューブラ・ロスさんの「死ぬ瞬間」なども勉強会で使いました。その中で、私を含めた二名が実際に活動に入るところまで残りました。院内報が初めて出たのが八四年で、この時は実際にホスピスの現場に立っていました。そのとき本土では、まだホスピスは浸透していなかった。本土に根付いてきたのはだいぶあとになってからです。

実施に至るまでには、お風呂の入れ方や車椅子の押し方などの実際的な技術や、心理学に基づいての患者との応対など、そういった基礎的なものを習得することが必要でした。その他にも、精神科の患者さんとのミーティングなどを通して訓練を受けたりもしました。

病院の研修では主に、患者さんとの実際の接し方を学びました。結構とまどうことが多かった。薬の塗り方ひとつにしても、手で塗ってたら「病院では薬は手では塗らないで」っていわれた。疥癬がうつるから、どんなことがあっても薬は手袋をはめて塗るようにって。それからお風呂に入れるときも、乱暴には入れられないな、と丁寧にやっていたら怒られてしまった。「見てごらん、廊下にずっと並んでるでしょ」って。お風呂の時間っていうのは決められてるのよ。そのあとでお昼ごはんをあげないといけない、それまでに終わらせないとだめなのよって。病院は時間内に処理するっていうことで大変なのね。患者さんもやきもちやくから、こっちの患者さんだけに話しかけてたら、もう片方の患者が怒るわけよ。患者さんも関わってほしいからやきもちやいて大変なの。そういった、患者の心理状態っていうのもわかった。

――患者さんとの関わり方において、病院とホスピスとの違いを感じられたのはどんな点でしょうか。

いまの多くの病院のシステムの中では、看護婦は看護婦の仕事をする、ということで、患者に「折れる」という事ができないところがある。「これは決まりだから」とかね。

往々にして、患者さんは拒否の状態にあると同時に何か聞き出したいという気持ちがあるんだけど、医者には絶対に聞かないの。実は、お掃除をする方たちは患者のことをよく知っているんです。患者さんが愚痴るでしょ、あの医者はあんなこと言いよった、こんなこと言いよった、きょうの朝のご飯は大根が硬かったとかおいしくなかったとか。限定された空間の中での出来事だし、伝える相手がその人たちしかいないから。患者が思っていることをいちばんわからないのはお医者さんね。その次は看護婦。家族もね。家族には痛くても「大丈夫よ」って言うのよ。本当に大変な時に『大丈夫』って言うの。本当に大変じゃない時は「あっちが痛い、こっちが痛い」って言うの。家族って不思議なものでね。痛くもない、元気な時はわがまま言うの。それが家族の良さでもあるんだけどね。

そういうのを見ていて、私は患者の立場に立とう、って思った。病院でボランティアをしている時に、とっても扱いにくい患者だからこの人に付いていていてちょうだい、って言われて関わることになった患者さんがいたの。深く話をしていくうちに、ご両親を早くに亡くされたとか、そういう話をするようになって、それで「どうしてあなたは薬飲まないの、どうして食事とらないの」って訊いたら病院に対する不満があるわけね。要求をひとつも聞き入れてくれないってね。どんなこと？　ってきいたら「バナナが食べたい」って言ったのよ。私はすぐバナナを買いに行った。隠して持ってきて廊下に立って「見つからないように早く食べて」って。看護婦がきたら合図するからって。そうして二人で秘密を持つわけね。何回かそういうことをやったら、私のことを世界で一番信頼してくれるようになる。私の言うことだけは聞くわけ。この方も亡くなったんだけどね、亡くなる時になけなしのお金でお礼をくれた。かつおぶしだったかしらね……。

最後の時に「あなた、私になにかやってほしいことある？」って聞いたら、中学時代の恩師に会いたいっていうから「その先生なんていうの？　私にできることだったら捜して伝えるよ」って訊いたら私のよく知っている人だった。それですぐ連絡して会いに行ったの。ホスピスではそんな風に、限られた時間でその人がやりたいことの手助けをするのね。

病院にカルテっていうのがあるでしょ、オリブ山ではカルテとは別に、ピンクのカルテに会話記録を書いた。私達はピンクカルテって呼んでたけど、それによって注射の時間だけじゃなくて気持ちの変化もわかるの。この方はこんな状態だった、こういうことを訴えていた、ってみんなこれに書いていくわけ。これをまた医者と看護婦が見てから部屋に入るというのを徹底していたから、私達のホスピスでのコミュニケーションは極めて良好でした。

死っていうものに対峙する中で、様々な心配事や悩み、隠された秘密を一人で抱き込んでいたら心や体の痛みは二重にも三重にも出てくるの。ホスピスでの私達の仕事は、チームワークによって「痛みをとる」っていう事なの。医者は痛み止めで痛みをとるけど、私達は会話によって、対話によってケアしていくわけ。

担当する患者さんは、その都度一人だけなんです。結局、その人の心の奥にしまっていた秘密も聞くわけよね。一対一の信頼関係ができないと心の奥にあることなんて言えないでしょ。

でもいろんな話を聞いているとその人の悩みを背負って、時にはそれが重荷になって、悩んで食欲がなくなるときもある。そういった中でも目をそらさないで関わっていかないといけないの。本当は、もう嫌だね、行きたくないね、と思う時もあるの。秘密を共有して、会うのが怖くなる時もある。それでも「あの人は待っていてくれてるのかな」って思うと、それが力となるんです。すごく成長させられたし、自分にとっても良かったと思います。

——ホスピスに入ってこられる方っていうのは、必ずしもクリスチャンの方というわけではないんですよね。

クリスチャンの人は少ないですよ。私が担当させていただいた中でクリスチャンの方はいなかった。普通の人達が入ってきます。

入ってきて最初の関わり方が大切なのね。いきなり「あなたのことを○○します」と言って入っていったら打ち解けないから。私は看護婦さんが巡回する時に付いて行って黙って立っている。私達のホスピスでは今はみんな個室なんだけど、最初の頃は病状が悪くならないと個室に移さなかったの。だから二人部屋の時などは、片方の人がお風呂の時間にわざとその人の名前を言って、「何々さんはいないの?」って訊くと、もう片方の人が「お風呂ですよ」って言うから「ああ、そうなの、具合はどうですか」といって話のきっかけをつくったりします。もう一人の人はいないから、その人と二人だけで会話をします。そうやってきっかけをつくって入っていって、だんだん声をかける回数を多くしていく。病状が悪くなって個室に入っていったら、その人だけのかかりつけになります。経験した中では、オリブ山の場合、入院の期間は平均で二カ月半くらいかな。三ヶ月未満で亡くなっていく方が多かったのよ。

「真剣に死と向き合う」

――ホスピスに入って来られた方は、ケアを受けていくうちにどんな点が変化していきますか?

患者さんと付き合っていくうちで様々な感情が出てくるなかに、葛藤というのが出てきます。摩擦というか。ある時、患者さんがボランティアの毎日の訪問を拒否したのよね。それは私じゃなくて他のスタッフだったんだけど、看護婦から「あの人が訪問してほしくないって言っている」って伝えられたの。そのボランティアはそれを聞いた時に、それは患者の心理状態の過程で当然起きるもので、それを乗り越えないと前に進まないいし、一種の怒りとして残るのでそのままにしてはいけないと考えたわけです。『死ぬ瞬間』（キューブラ・ロス）の中でも、怒りとか取引とか出てくるでしょ、その段階の一つだ、と捉えたわけ。その患者さんが訴えてきたことへの私達の反応としては、それは当然のことであって、それをそのままにしておく、ということはホスピスとしては失敗だと反論したの。ミーティングの中で、それを乗り越えるためにはどうするか、とことんいろんな方法を話し合った。その話し合いから導きだされた方法によって、その方はいい状態に戻ったの。この頃はまだ最初で手探りの状態だったから、いろんな事例を研究・観察しながらだったけれど、結果としてはすごくよかった。

「治ったら〇〇します」と願うような「取引」や「怒り」という段階もあります。何か私が悪いことをしたときに相手が怒るっていうのではなくて、全然私が何もしていないのに怒る、これが「怒り」なのよね。私は病に侵されているのに、なんであんたは健康なの、っていう怒りを爆発させる。そういうものを通り越してきて「受容」というものに入っていくの。その受け入れる段階のあたりで、死とか天国っていうものを聞きたがるわけ。この段階では、あなたの人生は家族にも恵まれて、素晴らしい環境でこんな成果を残した、っていう会話ができるようになってきます。

心理的な変化はもちろんあるんだけど、容赦なく病状も悪化していきます。私が最初に担当した人は、ある日、目のところが痛い、って言ったのね。それで「痛いの？」って会話してたんだけど、またしばらくして、「私、足に力が入らなくて、立とうと思ったら自分の足でないみたい、歩けなくなってる」って言ったの。私は医者から症状を知らされているからわかるわけね。だけど、「ああ、悪くなったんですね」とは言えないから「そうですか」と言ったの。この患者さんは最初の患者さんだったから、うまくできなかった。対応しきれなくて、もう次から行きたくなくなった……また「具合が悪くなってきたのよ」って訊かれるんじゃないかね、と思って逃げ回ってたのよ。医者に会ったら、「午前中は安静にさせておいたほうがいいと思って病室に入りませんでした」と言って、午後になったらなったで「気持ちよさそうに寝ていたから、邪魔しないようにと思って今日も入りませんでした」って毎日言い訳していたの。この方には精一杯尽くしきれずに亡くなってしまった。でも、その時のことが強く記憶に残っててね、亡くなって十年くらいになるけれど、この人のことは今でもよく思い出すのよ。声が聴こえてきそうなぐらいに鮮明に。だから「逃げたら大変なんだね」ってその経験で学んだし、精一杯関わらないといけないね、って思った。

私と一緒にホスピスのボランティアに入った人は四名いたけどみんな続かなかったの。真剣に死と向き合うっていうのはすごく大変なのよね。ホスピスでは否が応でも死っていうものを前にしていかないといけないから、これにみんな耐え切れなかったんだろうね。やっぱり、自分も死ぬということをしっかりとつかんでないとだめよ。それはいつかわからない。ひょっとしたら五分後に死ぬかもしれない。だから精一杯今生きとかなきゃっていう気持ちが人生を豊かにするの。死に向き合って、それを認めたときに逆に生きていることの大切さがわかるでしょ。明日もあるから明日やろうじゃなくて、今しかやれない、今頑張らなきゃ、今親切にしなきゃ、って「今」というのを大切にするから生きるってことが豊かにふくらんでくるのね。

だからホスピスに入ってきた人たちも「死ぬ」とわかったとたん一ヶ月くらいで見違えるような素晴らしい生き方をするの。この人にはこんなに勇気があったかしら、というような素晴らしい生き方をするのは、この人たちが「自分は死ぬ」ってわかった時から。

私がお世話した人の中で、肺がんだったんだけど、煙草が好きな人がいてね。私が病室に入った時に、煙草が隠してあるのを見つけたことがあったの。そしたら「絶対吸ってないから、医者に言っちゃやだめよ」って言うわけ。「じゃあ、秘密を守ってあげるからそのかわり絶対吸わないでよ」って約束したの。たぶん肺癌で苦しいから吸えない状態だっただろうと思うのね。でも煙草に愛着があって隠してた。

この人に、最後に何か食べたいものある？ って聞いたらサバ寿司が食べたいって言ったの。

私はサバ寿司を買いに行った。病状としては、とっても末期よ。どうしてこんな大きなサバ寿司が食べられるのかね、こんなに末期の人が、って思ったけど。この人はサバ寿司を食べてから三日後に「ありがとうね」と言って亡くなった。ホスピスにいる人っていうのは、最後の最後まで「生きる」っていうことを精一杯して死んでいくの。絶望の日々ではなくて普通の生活をおくりながら。

――ホスピスに入ってこられる方との関わりの中で感じられた事をお聞かせ下さい。

ホスピスに入ってきた患者さんは短期間のうちにものすごく気持ちが変化して、成長するんだけど、ケアする私達もすごく成長させられて、教えられることがあるの。亡くなった時の寂しさは、自分の家族を失った時のように辛いのよ。夜中に突然起きて「誰かとこの悲しみを分かちあいたい」と思って、患者の家族に「寂しい」って夢中で手紙を書いたこともある。思い出がよみがえってきて、本当に寂しくって、あの人の娘だけは私と同じ気持ちを分かち合えるんじゃないかね、と思って娘さんに手紙を出したの。あとではっと気付いたら、人間って本能的に自分のことを理解してくれる人がわかるのかな、捜すのかな、って思ったの。人間のなかには、自分と同じ悲しみ、気持ちを解ってくれる人に対してピンとくるものがあるのかな、と思ってね。その人が亡くなって寂しいから、誰かに訴えて一緒に分かち合ってもらいたい、悲しんでもらいたいって気持ちがはたらくのね。

ホスピスで自分が関わっている人達とはそれくらい、一緒に生活しているような感じなの。家に帰っても「もう寝たかしら」とか、ふっとその人の生活が入り込んできていて、まるで恋人みたい、って思うのよね。その人の事を四六時中想うっていうでしょ、私の場合、恋人にはそういうのはなかったんだけどね。フフフフ。でも、ホスピスに関わるようになってからわかるようになった。この人と一緒に居たい、この人が喜ぶんだったらなんでもやってあげたいとか。

ある人が、誕生日だから着るものが欲しいって言った時に、市場に行って何か買ってきてあげようって思って出かけたことがあったの。その時、ホスピスに戻ってくるのが遅くなってしまったんだけど、その人は「石川さんはきっと来る」って言って待っていた。「石川さんがこないから誕生日会には出ない」って言ってたの。急いで「ごめんね」といって着せてあげたらとても喜んでくれてね。そういうこともあったね。

人間同士の精神的な触れ合いは身体的にも影響を及ぼすんです。痛み止めの薬で、プロントンカクテルっていうのを注射することがあります。その薬によって血中濃度が安定して痛みを止めるのが四時間といわれているんだけど、精神的なカウンセリングをやることによってそれが八時間とか十時間もった、という記録もあります。

それからホスピスで学んだこととして、「人間が究極的に死から逃げられない存在である」と、患者と私が互いに確かめあうところから深い交わりが出発するような気がするんです。

オリブ山のホスピスでは、こちらからは「死」という言葉は使わないけど、自分は死ぬんじゃないか、と聞かれたとき、否定してはいけないという教育をしています。『そんなこと言わないで、大丈夫よ、あなたは治るよ」ということは絶対言わない。まず「どうしてそういうふうに思うの？」って聞くんです。そしたら「足で歩けなくなったし、おなかに水がたまるようになったし、肌がかさかさしてきたし、今まで自分が経験してきたことと少し違うような感じがする、だから私はもうだめだ、そろそろ終わりだな、って思う」って自分で言うのよ。「ああそうなの、そういうふうに思えるの」って。そうしてこういうような会話が長いこと繰り返されているうちに「死んだらどうなるの」って聞き始める。そうしたら私達は「死んだことがないからわからないけど、死というものを教えている『聖書』という書物があって、その中では死とはこういうものであって、天国というところはこういうところで、ということを教えてくれている」って言う。「どんなこと」って聞きたがったらそれを言う。聞きたがらなかったら言わない。要求に応じて答えていく。要求しないことは押し付けないというのは鉄則です。

――一般的な病院においての患者さんとの関わり方とホスピスのそれとでは、どのような違いがありますか。

健康な人間は一点だけをみつめるということはできないんです。自分にはいくらでも時間があると思っているから。でも死を目の前にした人達は、自分には時間がないということを知っているから、物事や言葉が本物か建前か見抜くのがとっても上手。この人達に心を見透かされることが一番怖い。だからこの人達と本気で関わる時には、自分の家族とか親しい人への想いと同じ思いを持っていないとだめよ。ごはんを食べているときに「今、あの人、お夕飯たべられたかな」「何が出たかな、嫌いなものは出てないといいけど」とか、自分の日常生活の中で思い出すの。他にも、夜に寝ようとしたときに、はっと思い出すの。「もう寝たかしらね」って。さっき別れた時、「寝にくい」って言ってたけど、今晩は寝てくれたらいいね、って。そういうふうに、四六時中一体になっているときにはじめて一〇〇%のこの人の「生きる」っていうことの手助けができる。ただ部屋に入って漫然と関わる仕事だという気持ちでは、患者さんは全然心を開かないですよ。

ホスピスに入ってくる人で、お仕事を持っている人達は、社会的な繋がりが入院によって切れるから、疎外感というのかな、一種の寂しさを感じるようです。例えば会社の重役だった方でも、こういう病気になってホスピスなどに入ると、会社の運営について相談に来る人はあまりいなくなるでしょ。そういった人達に対しては、あなたが成し遂げてきた事によって、こういう会社があるんだから、あなたに対しての感謝は誰も忘れていない、っていうことを語ってくれる人が必要なんです。しっかりと仕事をしてきた人であるほど社会的な疎外感が強いのよ。

そういう人達が死を受け入れるにはいろんな葛藤があるの。肉体的にも社会的にも力があって、ばりばり仕事をしていた人は、体がいうことをきかなくなってはじめて、「命ってなんだろう。生きるってなんだろう」って考えるのよね。あんなに仕事を頑張っていた人達が、いざ体が動かなくなって、今までしてきた事には一体どういう意味があったんだろう、と考える。生きてきた中で大切だったものって一体何だったんだろう、会社を建てたり、いっぱい仕事をして、それが社会的に認められても、もはやそれが大切だったとは思えないのね。もっと何か大切なものがあるんじゃないか、自分の知り得なかったもの、大切なものがあったんじゃないかな、と思うのね。その瞬間から、命というものを、生きるっていうことを実感するの。そして自分にできることは何だろう、って考えて、会社や家族に対する遺言を伝えていけるのね。気持ちの準備ができるといったらいいのかな。そして「私は死ぬけど、私のことは心配ないからね。またあなた達に会えることを期待して、信じて天国で待っている。いつもあなたたちのことを思っている」って言って亡くなっていく。

だからそういう意味において、ホスピスにおける死っていうものは決して悲惨なものではないのね。見送る家族も非常に心が安定するわけ。「私達が死んだらまた会えるんだ」っていうような気持ちを持つから絶望ではないわけよ。

「死の恐怖と悲しみからの出口」

――それぞれの死の受容があると思うのですが、クリスチャンではない方がホスピスに入って来られて、死生観は変化していくものなのでしょうか。

クリスチャンでない人達が死っていうものと向かい合って、乗り越えることができる、そこにある希望というものに目を向けることができるっていう事に出会ったときには私達も元気が出るね。最初にホスピスに入ってきた時は罪の意識が強い方もいらっしゃいます。自分がこうして病気になったのはあんなことをしたからだって。その人の内に隠された罪っていうのは誰もわからない。だけど心の中で、私はああいうことをしたからこうなったんだと思っている人もいる。方言で「ばちかんとーさ」っていうんだけど、代償っていうか、因果応報みたいな感じかな。

例えば、私が関わったある患者さんで、身近な人にむごい仕打ちをした事をずっと忘れられずに苦しんでいる人がいたの。苦しみっていうことは痛みとして出るから、いくら薬を使っても痛みが止まらないのよ。だから私はこう言ったの。「あなたのやった事は本当に悪かったかもしれない、でもね、聖書にその自分のやったことを悔いて口に出して告白したら神様はそのことを赦す、赦すだけじゃなくて思い出すこともないって言っている」って。人間は「赦すよ」って言われてもまた思い出して「あの時あんなやりよった」とか思い出すでしょ。でも神様はその思い出すことすらしないって書いてあるわけ。だから、あなたがこんなに苦しんでいるって事は誰よりも神様はわかっている、あなたはそのことを、「本当に悪かった」って口に出して言ってるんだから、すでにあなたのやったことは赦してもらってるって。思い出してあなたを責める人はいない、神様ですらあなたを責めないって言ってるんだからって、そう言ったの。そしたら彼女はとっても気持ちが明るくなって、最後も安らかでした。この人も最後には死の解決がなされたってことになるわね。ホスピスにおいて「死を受け入れる」っていう段階に至るまでは、多くの葛藤や問題があるのよ。

日曜日のお昼にはティータイムがあるんです。病院の牧師さんが短いメッセージを贈って、皆で歌を歌って、クッキーとお茶が出て、という交わりの一時があるの。寝たきりの人もベッドごと押して来るの。そこでおしゃべりをしたり、飲める人はお茶を飲みます。私もよくそのサロンに出て皆さんと交わった。こもってしまったらよくないのよね。皆との関わりをもつように促すの。そういう触れ合いを通して、ホスピスに入ってからの三ヶ月位の期間で死生観というのが変わってくるんじゃないかな、と思うね。けして死というものは暗いものではないと……。ある条件さえクリアすれば決して暗いものではない。つまり、信じるということだけど。

末期の人っていうのは、これは本物だな、これはにせものだな、っていうのがわかるの。にせものの新興宗教とか、これを拝んだら病気が治るよとか、色んなご利益宗教がそこに入ってきても見抜けるのよ。それだけ本物とにせものを見分ける力が異様にはたらくの。感性というか、一種の特殊能力とでも言うのかな。だから誰かがお見舞いに来て「きっと治りますよ」なんて口だけで言ってもいい顔しない。むしろ、死っていうのを見つめてしっかりととらえた人の話のほうに、この人達は耳をかたむける。死っていうものは、いずれみんな経験することだけど、それに向かい合うには勇気がいる、自分だったらできない、って語る人の話は「本当の気持ちだ」と思うんだね。なぜなら自分もそれと戦って苦しんで、そしてやっと受け入れる、というところにたどりつくんだからね。

どんな人でも「なんでこんなにたくさんいる人の中から私がこういう病気にかからないといけないの」「自分はこんなにたくさんいいことをしたのに」とやっぱり思うのよね。なんともいいようのない怒りも出てくるはずよ。そういうことを繰り返しながら最後には死というものを受容していく。死というものは人間なら誰しも避けられないということを、そこになってきてはじめて現実の問題として受け入れることができるの。死っていうのは言葉だけで、本当に死ぬなんて考えてこなかったってね。でも実際に死っていうのは存在してそこにある。生まれた時は自分の意思とは関係なく生まれた。死というのもそれと同じなんだということに思い至った時、人は、残された時間のなかで一体自分は何が出来るのか、それも人のために何ができるのかな、って思うようになる。自分の命を永らえようというのじゃなくて、自分以外の人のために自分が出来る事を考える。そういうことを通して死というものを見たら死ということも悪くない。それを認めた時に「生きる」っていうことがすごく大切になるし。

――ホスピスに入られた方のご家族も、死を受容するまでに様々な葛藤があるかと思いますが。

ホスピスで発生する問題には、家族側に原因があるものもあります。誰でも、自分の愛するものが死ぬっていうのは受け入れたくないわけよ。症状が現れて体が弱ってきた患者さん本人は、自身の死というものを否応なく現実の問題として、肉体でもしっかりとうけとめて認識することができるけど、家族は拒否するのよ。そんなことはありえない、って受け入れきれないわけ。それで患者と話がかみあわないのよ。だから、本当に大切な話なのに「自分が死んだらこのようにしなさい」とか言うと「そんなやなぐとぅ（嫌な事）は言わないで、あなたは治る、聞きたくない」って拒否してしまう。そしたら、こんなに差し迫った、大切なことを話そうとしているのに、自分の事を家族は理解しようとしてくれない、って言ってそこに家族とのズレがでてくるのね。その点を解決するためにも私達は動かないといけない。家族の教育も必要なの。死っていうものを見つめることによって、家族っていうのも見えてくる。死と向き合うことで、本人と家族との精神的な葛藤、そういったものが解決されていきます。そういうわだかまりが解けると家族というものはすごい力、支えになる。不思議な力があるのよ。

自分の家族が、「私は死ぬから」と言ったとき、「ああそうなの、あなたはあと何週間しか命がないのね」って言える人はほとんどいないでしょうね。でも患者さんは「私はあと何週間しか生きられないのよ」って訴えてるのよね。残された側もそれを受け入れる事ができたときには、死っていうのはとても安らかです。

また、悲嘆のケアといって、ご本人が亡くなったあとのご家族に対してのケアも大切です。ご本人が亡くなった後も家族を訪問したりしています。家族が亡くなった寂しさは簡単に消えるものではないけど、亡くなった人からもらった愛とか、自分の中に生かされている教え、そういったものに目を向けて他の人に伝えていくことが、その人が存在していたことの証明でもあるし、寂しさ、悲嘆からの出口でもあるのよ。

——若い世代を中心として、現代に生きる私達の多くは、死というものに直接触れる機会が少なくなりました。それと同時に、死んだあとの世界というものを想像するのが困難になってきているような気がします。そんな中で、生きることや死んでいくことの意味をどうやって見出していけばいいのでしょうか。

死んじゃったらそこで終わりなんだと考えたら、苦労していろんなものを築き上げる意味がないのよ。死んだらみんな同じ、水の泡のごとくに空しいものになってしまうから。でも、死んだ後も積み重ねがあるってわかったときに、生きるっていうことの素晴らしさ、大切さが生まれてくるのよ。現代っていうのは死というものを避けて通ろうとしている。昔はお葬式もお寺でしないでお家でしてたし、今は泣くっていうこともあんまりしないけど、昔は沖縄では大泣きしてたからね。泣き女みたいに。前は葬儀屋さんとか、車もないから近所の人が龕をかついだでしょ。自分の生活範囲を葬列が通って、地域の中で否応なく死っていうのを見せられるっていうか、触れる機会があったけど、今はそういうのはなくなってるからね。

現代の若い人たちっていうのは死っていうのをあまり見ていないよね。死というものが家の中ではなくて、病院の中で起こるから、臨終に立ち会うのはお医者さんばかりでしょ。死をみるということがなくなったから、生きるっていうこともお粗末になってきちゃってるのよね。命っていうものが死を境にしてこうなった、今まで息をしていたのが息をしなくなった、っていう経験がないからね。もっと、死というものに目を向けなければならないと思う。

死の恐怖をクリアすると、人間ってものはすごく強くなれるのよ。勇気も出るの。死が怖くないから正義感にあふれて、人をかばうこともできる。人は、最終的につきつめたら死が怖いからなかなか行動に出せないっていうことがある。本当の勇気があるのは、ある意味で死というものをクリアした人よ。そういう人は、肉体が滅びても、命の続きっていうものがあって、それは自分が築き上げたものの延長だという確信があるのね。この世で駄目だったけどあの世で良くなるというものではないのよ。人が死んだら急に神様になるということではなくて、自分の生活の中で築き上げた人生観、生き様のすべての積み重ねがあってはじめて死っていうのは意味があるの。何もしないで死を迎えたら本当に淋しいものよ。精一杯良く生きるっていうことが土台で、初めてそこから出発できるものだからね。その土台が何もなくてカラだったら意味がないし。それがしっかりとしてはじめて良い死があるから、死っていうことを通して生きるっていうことの大切さがわかるでしょう。生っていうものがどんなに素晴らしいか。

限られた人生、その中で本当に充実して生きるということの大切さを考えないと。一瞬一瞬が大切なんだね、って意識できたらいいけど、私達は死っていうものをあまり考えないから、人生が永遠にあるような気がして、一時間一時間を大切にしないのよね。どうにかなるよ、また考えようとか、流してしまうことがいっぱいあるわけ。でも、あと一週間しかないとなったら、本当に大切なこと、なにを先にやらんといけないかしらって、生き方の質も考えるでしょ。だから生がすごく素晴らしくなるわけよ。永遠に生きるってなったらおおごとだもの。そういう意味では、死はあっていいんじゃないか、と思う。

死別の悲しみが癒される場所　グリーフワーク

これまでに六人の方のお話を伺い、死というものをどう捉えるか、どう受け止めるかについて様々な考え方を学ばせていただいたが、私達が死について語る時、その場で語られる「死」と自分の距離がどのくらいのものかによって、その内容は異なってくる。

フランスの哲学者ヴラジミール・ジャンケレヴィッチ（一九〇三―一九八五）は「死」を人称によって三つに分類した。

①一人称の死：私自身の死。経験不可能であるがすべての人間が一番知りたい死。議論不可能。

②二人称の死：あなたの死。愛する者の死、親、子ども、肉親、恋人の死。死の瞬間に立ち会うことができる。

③三人称の死：彼、彼女の死。訃報によって知る情報としての死。客観的記述可能な死。距離を以って語られてきた死。

一人称の死――私の死について考える時も、私達は不安や混乱を経験するが、最も「死」を身近に感じ、大きな動揺・悲嘆を感じる時とは、二人称の死――あなたの死に接した時であろう。かけがえのない人との死別は重大なストレス源となり、精神的にも身体的健康にも大きな影響を及ぼすと言われている。昔は死者の出た家では死を悼む泣き声が響き、「喪」に服する期間も長く、その概念も強いものとして機能していた。しかし現在、昔からの儀礼は拘束力も弱まった。地域社会全体で悲しみをいやすシステムも消えつつあり、かといって社会的なケアのシステムが確立しているわけでもなく、我々はたった一週間で会社や学校に戻り、何事もなかったように生活していかねばならない。何よりも生産性が優先される現代社会の中で、気分が沈んでいるから仕事ができないと訴えることは社会人として不適格だとされる。死別によって傷ついた心がなかなか癒されず、カウンセリングを受ける人々の数も増えているという。

また近年、犯罪者の人権や精神状態についての研究にスポットがあてられている事に較べると、深い悲しみを感じているはずの犯罪被害者の方々、そして自ら死を選んで行った人々のご家族への配慮は軽視されているように感じられる。我々は深く大きい悲嘆を抱えた時、自分ひとりでそれを克服していかねばならないのだろうか。それをやりとげられなければ成熟した人間とは言えないのだろうか。

そんな疑問を持っていた時、あるきっかけで、死別の悲嘆を癒す手助け「グリーフワーク」をしている方々の存在を知った。その団体は「シャンティニラヤ沖縄」という一風変わった名前で、二〇〇〇年の九月に設立されたばかりのNPOだった。

二〇〇一年の夏、シャンティニラヤ沖縄代表の大城由美さんのお誘いで、グリーフワークについてのセミナーに参加させていただく機会を得た。参加者は輪になって座り、ひとりひとりの喪失の物語にじっくりと耳を傾けた。その人の語る言葉を聞き、その想いを共有することで「物語る」ことの力を改めて感じた。かたくこわばっている悲しみは、感情の表現と、それをわかちあってくれる人の存在によって少しずつ解放されていくのだろう。石川さんがおっしゃっていたように、その悲嘆が自身の内部に意味づけられて血肉となり、単なる悲しみの対象ではなくなった時、新しい自己が再生するのかもしれない。

シャンティニラヤ沖縄と、そのモデルになったダギーセンターについて

シャンティニラヤとは、古代インドのサンスクリット語で「やすらぎの最後の家」という意味だそうである。二〇〇〇年に発足したばかりのこのセンターは、アメリカ北西部オレゴン州ポートランドにあるダギーセンターをモデルとして設立され、グリーフワークを行っている。「グリーフワーク」とは、直訳すると「悲嘆の作業」という意味になるが、死別などの大きな喪失体験をした人々が悲嘆を受容していく過程を手助けする作業である。

ダギーセンターは、家族を亡くした子供たちの精神的なケアを行なう施設として一九八二年に設立された。以来、このセンターをモデルとしたセンターが世界中に作られており、シャンティニラヤ沖縄もそのひとつである（日本国内では、阪神大震災の後に設立された神戸の「レインボーハウス」がある）。ダギーセンターは非営利・無宗教の民間団体であり、主に寄付によって運営されている。三〜十九歳までの子供たちのケアを、三〇名あまりの理事・常勤職員と一四〇人ほどのケア担当のボランティア（ファシリテーター）が支えている。

センターの名前は、脳腫瘍のため一三歳で亡くなった、ダク・トゥルノ君の愛称「ダギー」が由来となっている。彼は「死ぬ瞬間」の著者として著名な精神科医のエリザベス・キューブラ・ロス博士に次のような手紙を書いた。「生命とは何？　死とは何？　どうして小さな子供たちが死ななければならないの？　なぜ、子供たちが死について読む本がないの？……」。

博士は彼にあてて、イラストを交えた美しい手紙を書いた。「死は、蝶が繭から解き放たれるように、肉体を脱ぎ捨て、より大きな愛の世界に帰っていくことです。……」この手紙は「ダギーへの手紙」と呼ばれており、日本語訳も出ている。そして、ロス博士の親友である看護婦のビバリー・チャペル夫人がセンターを創設した。

●理念と原則

ダギーセンターには子どもと悲しみに関する次のような原則がある。

①悲しみは、愛する人の死に対する自然な反応である
②皆が、その人自身にしか理解できない特有の悲しみのプロセスを歩む
③悲しみ方に良し悪しはない
④どの死もそれぞれに違っていて、受け止め方も違う
⑤悲しみのプロセスは様々な要素に影響される
⑥悲しみに完全に終止符を打つことはできない。それは生涯、共にある

●ケアの方法

悲嘆は、それが深いものであるほど、解きほぐすのが難しいものとなる。特に子供たちは、深い悲しみを言葉で表すことが困難であり、それが簡単に溶かすことのできないわだかまりになる事も多い。ダギーセンターでは、彼等の悲しみを思いのままに表出できるよう、あらゆる手段が用意されている。

子供たちは一〇人前後のグループに分かれており、五～六人のファシリテーターと職員一人がケアに当たる。グループは年齢別・亡くした家族の死因別に分けられている。年齢による、死に対しての認識の違いや、死因による心の痛みの違いを考慮してのことである。

子供たちは最初にオリエンテーションを受け、ケアを受けるかどうかは自分で決める。最初に子供達は輪になって座り、互いに自己紹介をする。ケアの場面では「トーキング・キュア（話すことによる癒し）」が行なわれる。順番に、インディアンが使っていたという「トーキング・スティック」（布と綿を使って作られた、30㎝ほどの細長い棒状のものなどが用いられる）

を持ち、その人が亡くなった家族の話をする。センターでは子供たちの心の状態を最優先に考慮し、話したくなければもちろんパスできる。また、子供の悲嘆は主として行動を通して象徴的に表現される場合が多く「ドゥーイング・キュア（行動による癒し）」も同時に行われる。センターでは、子供たちが感情を外に吐き出すことができるよう、あらゆる方法がとられている。おもちゃを使った遊びや人形劇、砂遊びだけでなく、大声で泣き叫んだり、サンドバッグを殴り付けたり、クッションを投げるなどの暴力的な衝動を安全に排出する「はけ口」も用意されている。また、思っていることを絵に描いたり、死んだ家族へ手紙を書くといった行動も、子供たちにとっての癒しになる。何もしない子供には、一緒にそばにいてあげるだけでも癒しになる。

また悲嘆のプロセスには、生と死に関する考え方、宗教や魂の問題などに寄り添っていく、という霊的な側面がある。センターでは、誰かの命日には輪の真ん中で蝋燭を灯し、亡くなった人の思い出を語る。形見の品や写真を持ってくることも、亡き人を思い出すきっかけになる。子供達にとっては特に、五感を活用する事も有効であり、儀式（的なもの）も重要な意味をもっている。寺院や墓地に行ったり、写真でその人の姿を見たりすることは、具体的な死の認識を助けると言われている。そしてやがて子供たちは、自分でその時を知り、センターを離れていく。

子供たちを見守るファシリテーターには、必ずしも死別の経験が必要というわけではない。しかし、そのトレーニングには自分自身の「喪失体験（失恋をした、長年住んだ家を離れた……など）」と、その時の感情を思い出す作業が不可欠である。その人の人生における喪失体験とその時の感情は、悲しみの底に沈む子供たちの感情を受け入れ、分かち合うことを助ける。

インタビューⅥ

大城由美（一九六三年生まれ）

「自分が死んだら、母が手を広げて迎えてくれると思う」

「シャンティニラヤ沖縄」の代表者である大城由美さんに、グリーフワークを始めるきっかけとなったご自身の体験についてうかがった。大城さんは那覇市のご出身で、看護師をなさっている。

悪天候の中、待ち合わせ場所にいらっしゃっていただき、終始微笑みを絶やさずに辛い体験もお話してくださった。大城さんがグリーフワークという活動を始められる経緯については、何かに導かれているような、祝福されたシンクロニシティのようなものを感じずにはいられなかった。もちろん、ご自身の行動力と人柄がなければこの活動もなかっただろう。今後も心から応援したいと思っている。

――「シャンティニラヤ沖縄」の活動概要を教えてください。

現在の活動としては、月に一回のペースで死別体験をした大人の方のグリーフワークをしています。また、二〇〇一年の七月から「グリーフワークとは何か」という、グリーフワークそのものについて知ってもらうセミナーを八回やりました。死別体験だけじゃなくて、様々な喪失体験をした方や、虐待を含めた辛い体験を受けた人たちにも、グリーフワークというのはとても有効な手段なんです。だからワークのスキル（技術）をもっと広めたいと思っているんです。グリーフワークをする上での意識や姿勢そのものによって、その人が持っている力を引き出すことができるし、その人自身の回復ができるようになるんです。そういうことを手助けする人を養成する必要性があると思うので、二〇〇三年の三月に二回目の（グリーフワークの）ファシリテーター養成講座をやろうかな、と考えているところです。

――どういったきっかけでこの活動を始められたのですか。

少し長くなる話なんですが……。

二二歳のときに琉大の保健学科で看護師と保健師の勉強をしていたんです。どちらの進路に進もうかすごく悩んで、卒業してすぐには就職しませんでした。大学に残って卒論をまとめたりしながら考えていたんです。そのころキューブラ・ロスの「死ぬ瞬間」という本に出会って、そのときに全部読んだわけではないんだけれど、キューブラ・ロスと、今まさに死に向かおうとしている人との会話が私にとってとても強烈だったんです。そういう人と向き合う、という彼女の姿勢にとても感動して、こんな仕事ができたらいいなと思って看護師になったんですよ。そういうターミナルケアに関われるとしたら看護婦だな、と思って最初に選んだ仕事が看護師だったんですね。一応、履歴書にもターミナルケアをやりたいと書いたんですけど。

当然、いきなりターミナルケアに関われるわけではありませんでした。三年ぐらい病棟の看護師をしたんですが、その三年間の間に関わった患者さんの印象がいまでも強烈に残っているんです。外科系・耳鼻科の病棟で、癌の患者さんが多くて、手術をした跡とかがそのまま目にみえるんですよね。舌癌で舌を切るとか、下顎骨をとってあわせるとか。舌をとったらそのまま食事できないから大胸筋をもってきたり、頸部の癌とかだと顔が腫れあがったりして……。女性で、精神的にショックが大きく、精神科の先生が対応する人もいました。鼻の奥の癌で手術をして、顔が半分失われた方もいましたし、また、その手術を拒否して、亡くなるまで痛みを訴え続ける方もいました。

私がいた三年間のなかで二人の方が自殺しています。私はその場にはいなかったんだけど、顔もよく覚えているし、今でもその時あった事や場面、状況を記憶しています。私達はそれらのことにちゃんと対応できませんでした。目にみえる病気というのは、ものすごい精神的な苦痛がある。今思えば、私はそういう姿を生で見せてもらったのかな、と思います。そのころは本当に駆け出しだったから仕事をこなすことで精一杯だったけど、今でもその体験がすごく残っている。その人たちが、ありのままの苦しみの姿を私に伝えて、残してくれたのかな、と思います。何もできなかった、という思いもあるけれど、その人たちの姿がそのまま、私の中に残っているんです。

そういうことがあった三年間だったんですが、妊娠して、いったん仕事を辞めました。私は鍵っ子だったので、生まれてくる自分の子供にはそういう淋しい思いをさせたくなかったんです。切迫流産しそうな状態でもあったし、おなかが大きくなった看護師がストレッチャーを押す姿にも疑問をもっていたというのもあって。生まれてきた子は私の両親にとって初孫だったので、特に母は喜んでいました。その後、その子が二歳のときに母が入院したんです。

母は自分が現役の看護師をしながら、悪性リンパ腫に侵されていました。見つかった時には四期で、とても進行した状態だった。リンパ線がはれて熱がでているだけではなくて、肝臓とか脾臓、全身のリンパ腺にごろごろかたまりが出来ていました。

母はその年の年末から、毎晩のように高熱を出していたんですけど、朝になったら下がるものだから仕事をしていたんです。そのとき私は結婚して両親とは別々に暮らしていたから様子は見ていなくて、父親から、母の様子がちょっと変だよという話を聞いて、正月に会いに行きました。結局正月明けの四日に病院に行って、すぐ入院することになった。今でも覚えているのは、そのとき母が私の子を抱いて、玄関の鏡に映った孫の顔と比べた自分の顔色のあまりの悪さを見てようやく、これはただごとじゃない、と気付いたんですよ。すぐに私も「一緒に病院に行こう」と言って、すぐ母が勤めている病院に入院しました。母は三十三年も看護師をしていて、その病院では婦長もしていましたから、そういう意味でもとても嫌だったはずですね。同僚に弱いところというか、強力な抗がん剤の治療を受けている姿をさらすことになってしまったし。あまり病室には来ないで、と言ってはいたけど嫌だったでしょうね。でもそんな状況の中でもとても素直に治療を受けていたな、と思います。

そのときは病名ははっきりと知らされていなかったんです。今は割とはっきりと、癌だからこういう手術をしましょうね、と言う先生は沖縄にもいますけど、そのときはまだまだそういう事は少なくて、「悪性の可能性があるから抗癌剤で治療します」とだけ言われました。やっぱり看護師だから、何の薬かはごまかせなかったんです。そういうことで治療が始まりました。副作用で髪が抜けるということで、私は母と一緒にかつらを買いにいきました。彼女なりに治療を一生懸命受け入れようとして、副作用にも自分なりに対応しようとしていたんだろうな、と思います。

私はそのときは仕事をしていなかったので、子供を保育園から迎えて、子供を連れて病院に毎日行きました。母にとっての初孫だったんです。私は四人姉妹なんですが、私の息子が生まれたのをすごく喜んでいました。沖縄ではよく「男の子を産め」と言われるでしょ。母の頃は私達の時代よりももっとプレッシャーがあったと思うんですが、それもあったのか、こわいぐらい喜んでいましたね。だから、子供は嫌がることもあったけど必ず連れていって顔をみせていました。母は毎日アイスクリームを買ってあげて、子供もそれだけをひとつの楽しみにして行くんですけど。

癌の治療というのは一クール二クールといってセットであるんですけど、最初のクールがものすごく効いたんですよ。首のリンパ線がぽこぽこ腫れていたのがきれいになくなったわけ。母はそのときに「体の中から悪いものがなくなったような気がする」とものすごくすがすがしい表情で言っていたんですけど、治療をそのときにやめていればよかったのかも、と今でも思う。でもこういうことってわからないんだよね。やめて母が永らえたのかどうかというのは今となってはわからない。そのあと治療を続けるかっていうのも悩んだけど、医者はもうちょっと叩こう、そのほうが安心ですよ、と言ったので続けることを選択したんです。私も医療者の一人なんですけど、これで良かったのかなあと今でも思ったりします。私だったらどうするかなー、って。

「母が死んだことを受け入れられなかった」

母が亡くなったのは満五六歳でした。母が死んだということは苦しくてとても受け入れられなかった。本当のこと（癌であるということ）を最初に言ってなかったから、結局そのことを言い出すことも出来なくて、それを抱えながら接していました。良くなっていけばいいけど、最後には悪い話ばかり聞かされてとても参ってしまって。母の入院生活で、患者さんの家族はこんなに苦しみ悩むものなのか、というのを身をもって教えてもらいました。

一月に入院して十月三十日に亡くなったんですが、十ヶ月間という短い時間で、本当にいろんなことがありました。今はとても落ち着いて振り返る事ができるけど、いろいろあった。お葬式の時も事務的な注文をする人がいたりしてすごく参ってしまった。お酒の席が始まったりして、それは遺族を励ますつもりだったのかもしれないし、それで慰められる人もいるだろうけど、私自身は「勘弁してほしい」と思いました。葬儀って亡くなった人のためのものでしょう。こんな葬儀だったら、私が死んだときは七日ごとの行事もしてもらわなくていいと思いました。

母がなくなって九年たちましたが、ワークを始めたことに関して話すのに、母の病気と死は切り離せない。キューブラ・ロスの本との出会いがあって母のことがあって、全部繋がっているんです。私がやるべきことを強く方向づけてくれた出来事でした。今となっては、私にとっての母が残してくれた遺産だと思っています。

母が入院していた日々のなかで、患者はもちろん患者の家族っていうのはこんなに辛いのか、っていうのが強く残って。同じように苦しんでいる人がたくさんいるわけですよね。私と同じように親とか身近な人を亡くしてどうしていいかわからないと感じている人たちがたくさんいる。この活動を始めるにあたって、何かその経験をいかして私ができることはないかというところが起点になっています。ターミナルケアをやりたいと思っていたこともあるし、母が亡くなってしばらくして、具体的に私に出来ることはなんだろうと探し始めました。

母が亡くなって一年後に、私はもうひとつのキューブラ・ロスの本に出会うんですけど、それは「死後の真実」という本で、言ってみれば「死は存在しない」って書いてある本なんです。キューブラ・ロスの転換期になるような本です。彼女は医者で科学者だから、霊的なものに対して最初はまだ疑問があったと思うんだけど、死を間近にした人々と関わるなかで、亡くなった人からメッセージをもらったり、臨死体験のような体験をしたり、神秘的・霊的な体験をしていくんです。その中でのひとつの結論として、肉体は滅びても魂は滅びない、死は存在しない、と書いてあるのが「死後の真実」という本なんだけど。

母が亡くなった後、多くの友達との、重要な意味のある出会いが続いているんですが、その中で、母のメッセージを伝えてくれる方との出会いが数回あったんです。母が亡くなった時は西原に住んでいて、亡くなった後、母が残した那覇のマンションに移りました。その頃友人とミーティングをする機会があって、その約束の日に子供を連れて、早めに家を出たんですけど、なぜかその時西原の家に行きたくなったんです。車もなかったのでわざわざバスにのって西原まで行って、いつも買い物をしていたスーパーに行って、今はあるかわからないけど、そのスーパーの中の小さな書店に行ったんです。そこに飾られていたのがキューブラ・ロスの「死後の真実」という本でした。その本にどんなことが書いてあるかわからなかったけどとりあえず買って袋に入れてもらって、夕方から友人の集まりに行ったんです。話し合いが終わって、友人の車に乗せてもらったんですが、友人の中に一人霊感の強い友人がいて、そのときはじめて母からメッセージをもらったんです。その時は、車の中でその人がずっと気持ち悪そうにしていて、車が止まってある人が車を降りるときに、「由美さん、今お母さんが来ていてこう言っているよ」と言ったんです。そして「こんなにたくさんの人と巡り合えて良かったね」ということと、「いろんなことを自分で抱えこまないでいきなさい」というようなことを伝えてくれた。その時三歳か四歳だった子供が「僕になんて言っているの」って聞いたら、「愛しているよ」と言っている、と彼女は伝えてくれた。

母が亡くなったあとユタのおうちにもいったけれど、その時は母が何か言っていると思って涙が出たんですが、あまりピンとはこなかった。だからその時、そういうストレートなメッセージをもらったのは、私にとってははじめてで、強烈だった。私には母を感じる感覚はないので、実感としてはなかったけど、母は私をちゃんと見守っているんだ、それを伝えてくれるんだ、という事がすごく嬉しかった。それで、家に帰ってキューブラ・ロスの本をみたらそんなことが書いてあったわけです。

偶然なんていうものはないと思います。わたしは母のメッセージを通してその存在を伝えてもらい、そのことを裏付けてくれる本を買って帰った。その後、別の友人からも「仏壇に黄色い花を活けて欲しい」とか「掃除して欲しい」とか母のメッセージを伝えてもらったことが三回くらいありました。

——そのメッセージを伝えてくれる人っていうのは特に、職業的にそういう事をしている方…たとえばユタの方という訳ではないんですよね。

違います。沖縄にはそういう人がたくさんいますよ。それは私にとって気味の悪いことじゃなかった。私の母だから。嬉しいし、愛されていると思った。

「キューブラ・ロスに会いに行く」

実は、キューブラ・ロスに会いに行ったんです。こんなことがあったから、私はこの人にどうしても会いにいかなくてはいけないと思った。

一九九九年に沖縄タイムスのコミュニティプラザで、ダギーセンターからシンシア・ホワイトさんという方を招いて講演会と一日のワークショップが行われました。ダギーセンターの事は、キューブラ・ロスの「死後の真実」の中で紹介されていたので両方参加しました。ダギーセンターは一九八二年から活動している、死別体験をした子供と家族のためのセンターで、部屋の様子についても詳しく書いてあったんです。他にも「ダギーへの手紙」という冊子があります。そういった本を通して、キューブラ・ロスはもちろんダギーセンターには強くひかれる思いがありました。だから、そこからきているシンシアさんを目の前にして、絶対行きたい、と強く決心したんです。そこで、ダギーセンターに行きたい、キューブラ・ロスにも会いたいんです、と彼女に言った。そしたら「たぶん会えるでしょう」って簡単に彼女は言ってくれました。彼女のパートナーが日本人だったから、その人にもメールで情報をもらって、二〇〇〇年七月に行われる、ダギーセンターのサマーインスティテュートに参加することにしました。それで、センターに行く前にアリゾナ州のスコッツデールに住んでいるキューブラ・ロスを訪ねることにしました。母が亡くなって六年目のことでした。

行程は大変だったですよ。沖縄から名古屋、名古屋からポートランド、ポートランドからソルトレイクシティを経てアリゾナのフェニックスというところに行って、フェニックスからレンタカーを借りてスコッツデールまで行って。

道もわからなかったので、ホテルの人にキューブラ・ロスの載っている資料を見せたんですが、そこの人は知らなかった。観光案内所に行ったら、知ってはいるけど、連絡先はわからなかった。で、図書館に行きなさいと言われたので、図書館にも行ったけれど、「個人的な事だから教えられない」と言われました。

それでとりあえず観光案内所に戻ったんです。そしたらそこの方が私を待っていて、キューブラ・ロスのお友達でホスピスに勤めている方を紹介してくれるということで、ホスピスの電話番号をいただいたんです。それでホテルからそこに電話したら使われていないみたいだったので、そのホスピスの名前からもういちど自分で電話帳をみて調べてかけたら留守番電話になっていたので、その人あてにメッセージを入れました。

しばらくしたら連絡が返ってきて「直接自分で電話しなさい」とキューブラ・ロスの電話番号を教えてくれました。どきどきしながら彼女に電話をして、「一五年前にあなたの本を読んでからずっと会いたいと思っていました、会ってくれますか」って言ったら、「イエス」って短く答えたの。もう天にも昇るような気持ちで、お家までの道を訊いて、翌日自分で運転して行きました。

あまり舗装されていない道を通って家の前まで行くと「エリザベス」という小さい文字が彫ってある板があって、スイスの旗がかかげてあって、インディアンのティピー（テント）が置いてあるんです。本当に本にかいてあったとおりだった。外に、インディアンの踊る精霊（カチーナ）のかたちの鉄の風鈴が風に揺れてちりんちりんと鳴っていました。玄関でしばらく「ハロー」

って呼んでいたけど、私の声が小さくて届かなかったみたいで、返答がないからぐるっとまわって裏からはいったんですけど「そこは入口じゃない」と言われてしまいました。実は彼女は何回も脳出血の発作を起こしていて自由に動けない状態なんです。私が行った時にもお友達の方が付き添っていました。「Nice to meet you. I am glad to see you.」と言って、握手するつもりで手を出したら彼女は「ET」って言って指を出したの。本にも書いてあるんだけど、彼女は自分が死んだらETの風船をたくさん飛ばすんだと言っているんです。

彼女はもういろんな霊的な体験をしていて、自分の守護霊とも会話したりだとか、ありとあらゆる霊的な神秘的な体験をしてきている人なんですよ。だから何か三次元的なわたしたちの考え方を超えたような感覚とか考え方を持っているんでしょうね。その時も、「はっ？」としたけどおそるおそる指をあわせました。

おみやげには、芭蕉の布にサンニンの花が描かれているものをもって行きました。それで何か話しなさいって言うから、「私はあなたの本を読んで看護師になりました」って言ったら「good」と言ってくれて、母が亡くなった話とかをしたんだけど、そのあと何を話していいかわからなくて。もうちょっと何を話すか考えておけばよかったな、と思ったんだけど、会話が途切れてしまいました。

それで、つきそっていたリタさんという方が作ってくれたサンドイッチを少し離れた場所でいただきました。彼女のキッチンには自然の素材で編まれたカゴがたくさん下げられていて、写真もたくさん貼ってあって、とても素敵な部屋でした。彼女の本の中で、蝶々がシンボルになっていて、蝶の置物もたくさんありました。結局、死っていうものはさなぎから蝶がでていくようなものだ、と彼女は言っているんです。私達がみている体はさなぎのようなもので、死っていうのはそこから蝶が飛び立っていくような、とてつもなく素晴らしい体験なんだと。

それから思い立って「母は亡くなってから、友達を通して私にメッセージをくれるんです」という話をしました。そしたら彼女が私に「she proud」と言ったんです。でも私はそのとき「she」って誰なんだろう、お母さんのこと？って思って、すごく混乱したんです。まさかキューブラ・ロスからそんな言葉をもらうとは思わなかったから。自分がもらったメッセージについて解説でもしてもらおうかと思っていたので……。それでなんだか混乱して、そのあとも何を言っていいかよくわからなくて、結局すこし部屋の中を見せてもらって「会えてとてもよかった。ありがとうございました」といって帰りました。

帰りの車のなかで「やっぱりsheって母のことだよな」って思って、キューブラ・ロスは「私がこんなふうにしていることを、母はとても誇りに思っている」ということを感じ取って私に伝えてくれたのかなーって思うんですよ。

キューブラ・ロスに会えたことにはすごく意味があって、そこで会えるか会えなかったかでは大きくその後のことは違ってきていたと思うし、この活動をするにあたって必要なことだったと思う。彼女の精神がまさに私の中に息付いているというか、彼女がやろうとしていたこと、伝えたかったことを私が受け取って、それをまた誰かに伝えたいとすごく思う。彼女との出会いがあって、ダギーセンターに行ったことはものすごく意味があったたし、神秘的だったたし、貴重な体験だった。重要な時だったと思います。

「I love mam」

そうやってフェニックスで過したあと、ポートランドのダギーセンターに行って、インスティテュートに参加しました。一日目は自己紹介をして、各部屋を見学しました。その中でとても印象的だったのが、壁にかかっていたパッチワークのタペストリーで、ハートのなかに子供たちがメッセージを書いていたんです。その中に「I love mam」っていう文字があって、その言葉が目に入ってきた時に、ものすごく涙があふれたんです。もう本当においおい泣いて、その子の気持ちが私と同じだと思って、次の部屋に入ったけどまた戻って泣いていた。ダギーセンターのスタッフも心配して側にいてくれました。それが初日の出来事。

ダギーセンターではスキルの練習をすると同時に、実際ワークの中に入っていって子供たちと関わっていくということもしました。二日目と三日目は午後から実際に子供たちのワークに入るんです。黒人の男の子がいて、その子は一日目はみんなの円の中にも入らないし、一言もしゃべらなかった。その子とお手玉を投げ合ったり火山の部屋で暴れたりして、一緒にワークしたんです。一日の最後に今日の出来事……あの子とこういうことをして遊んだ、というようなことを話すんですが、彼の名前はジャスティンだったんだけど、その日はその名前が覚えられてなくて、彼の胸につけている名札を「もういちど見せてね」と言って見せてもらった。そうしたら一言も言わなかった彼が、翌日私の隣に座ってくれて、名前だけ言ってくれた。それが例えようもないくらい嬉しかった。

それで、二日目はすごくたどたどしいけどファシリテーターもすこしさせてもらったんです。トーキングスティックを持って、自分の名前と年と、誰が何故死んで……ということを言ってくださいということだったんだけど、年齢を「37 years old」って言おうとして間違えて「70 years old」って言ってしまって、言い直したんだけど、子供たちって、わたしがひとりだけ外国人で英語がなかなかできなくてとても大変そうだなってていうのをちゃんと察するわけ。

それが終わってプレイ（遊び）の時間になったときに、サラっていう女の子が「あなたと遊びたい」って手をのばしてきたんです。それで嬉しくて、どきどきして行こうとしたら「あなたさっき七〇歳って言ったでしょ」って言ったんです。フフフフ。彼女はたぶん、私に手を差し伸べずにいられなかったんだと思う。彼等は、どんなふうに自分を動かしていけばいいのか、っていうのはちゃんとわかってるんだな、って思いました。子供達同士でも、前の日初めて会ったのに、次の日には、遊びながら少しづつ繋がっていくんですよ。言葉が話せないぶん、全神経を使って色んな事を感じ取ろうとして私はそこにいた。そういう子供達の力に助けられたなって思う。すごいプレゼントをもらったとすればそういうこと。だから私は子供たちのための何かをやりたいと思いました。

最終日はワークはなにもなくて、ダギーセンターの運営とか経営についての話だった。一日中講義だったんです。移動するバスのなかでも「ワークがなにもないから憂鬱だわ」って思っていました。センターに着いて、ちょっと時間があったからワークをする部屋に行って座っていたら「Good morning」っていう子供の声が聞こえたんですよ。私は「Good morning」と返事したんだけど、見回しても子供なんていないんです。同じ部屋に座っていた男性は「何してるんだろう」って不思議そうに見ていた。あのとき私は何日も全神経を使って疲れていたので、そのせいかな、とも思ったんですけど確かに聴こえたんです。

そのあと講義が始まりました。いつも私は入り口から近い所の同じ席に座っていたんですけど、その日に限って部屋の奥のソファにもたれて座りたいな、と思ったんです。それで、講義が終わってから席を変えました。そしたらダギーの写真が目の前にあるわけ。それで「ああ、ダギーだったんだ」と思った。そう考えるのがとっても自然だったわけ。もしかしたら、私が朝から憂鬱と思っていたのをダギーが励ましてくれたのかもしれないな、と思ったの。それで、私は本当に支えられているんだなって思って。そこにいた子供たちもそうだけど、母を含めたいろんな見えない力が私を見守っていると思ったし、だからこうしてこれたんだと感じました。

一人でレンタカーを使ったりもしたけど何も怖い目にもあわなかったし、事故にも遭わず、ものを盗まれることもなかったし。それどころかポートランドについたときのホテルに沖縄の人が数人泊まっていて、パーティーをして楽しく過ごしたんです。それもすごく支えになった。ずっと英語の研修を聞いているというのは結構きついんですよ。全神経をかけて聞くけどやっぱりわからないこともあって、それでも参加してるから。だからすごく彼女たちがいてくれたことが支えだった。それも今思えば準備されていたのかもと思う。沖縄の人が四人もいたということも偶然ではないのかもしれない。そういうことがあったから、感謝の気持ちもあったし、何か沖縄でやりたいと思って帰ってきた。

何故沖縄でこういう活動をするか、っていうと、私は沖縄に住んでいるというのももちろんあるけど、その旅に出る時、那覇空港を発つ飛行機の中で、ぐっとこみあげてくるものがあっておいおい泣いたんです。私はこの沖縄にずっと抱きしめられていたんだな、こんなに愛されていたんだということが感じられて、感動して涙が出たというところからこの旅は始まったんです。だから私が帰るところは沖縄だと思ったし、私が持ってきたものを分かち合いたいと思って始めたんです。この事を他の人にも知って欲しいと思った。それでも私が完全に伝えられない部分もあるし、まずファシリテーター養成講座をやりたいと思ったんです。そのために、帰国してからダギーセンターと日程を調整して三月に養成講座をしたんです。

実際的なことはこれからだな、と思ってるんだけど、グリーフワークの活動をすることで、私自身も育ててもらってすごく成長してこれたな、と思います。仕事にも生かされているし。

「つながり、つながっていく」ことが、癒し

――大城さんの活動を知ったときにすごく共感するものがあって、自分もできることがあればぜひ手伝いたいと思いました。でも自分もまだまだ不完全な人間で、すごく参ってしまうことがあったり、癒されたい、と思うこともあるし、こんな自分が人を手助けしていいものか、そんなことができるのか、っていう迷いがずっとあったんです。

最近思うんだけど、わたしは訪問看護師をしていて、いわばケアをする側だから、私達が「やってあげてる」って普通は思うんだろうけど、でもたくさんもらうものがあるんです。まず、そこのお家に迎えてもらえること。受け入れてもらっていること。そこで私がやるケア、血圧を計ったりお風呂に入れたりというのは、私が「させてもらっている」事だと思う。ありがたいな、と思う。だって嫌じゃない、人にお風呂に入れてもらうのなんて。でもそれをやらせてくれて、そもそも家に入れてくれるというのがありがたいし。落ち込んだり、色々な考え事が

あったり、気が乗らないなーって思ったり、職場の中で憂鬱になるときもあって、その日の訪問看護をスタートするときに、こういった気持ちのままで行くのは嫌だな、と思っていても、一軒二軒廻っていく中で元気になっていくの。そこの方と接して、私が力を発揮することでちゃんと「もらって」いるんだな、と思う。朝、憂鬱な気持ちで出て行ってもにこにこして帰ってくる。

グリーフワークでも、ファシリテーターの私が「やっている」と思うかもしれないけど、私はそうではないな、と思う。グリーフワークでは私達は一人一人の力を見守るぐらいの役割です。もちろんそれを引き出す手段とか、自然に出せる環境を作る事はしますが、それも、その人の本当の力を信じるところから始まっているし。だから、相手と対等であることはとても大切なんです。グリーフワークに私が関わらせてもらっているというのは、患者さんと接するときにも活かされていますね。

訪問看護という仕事がとっても好きなんですよ。病院は業務に追われるところがどうしてもあるんですよね。訪問看護は一時間だったら一時間、その人と向き合えるんですよ。そこでどんな環境をつくれるかというのが大切なんですよね。今はとってもいろんな修行をさせてもらっているなー、と思います。ロスの本のなかに、「偶然はない、すべて必然である」という言葉があるんですけど、私の話を聞いてそんな気がしませんか？　すべて導かれるようにしてこの活動をしているように思います。

――当初、沖縄はすごく地縁、血縁の濃い地域なので、辛い体験も身の回りの近しい人達の中で自然に癒されていくのかな、と思っていたんですが、その中でのグリーフワークの必要性について話してもらえますか？

やっぱり親戚関係というのはすごく強くあるし、そのなかで気を遣いあってとても助けられる面ももちろんあるんですけど、中には「なんでいつまでも（悲しんでいるの）」っていうのがたまにあるみたいなんです。どうしても接する側の主観で接してしまって、自分の考え方をおしつけてしまう場合がある。でも実際悲しみのまっただ中にいる、死別体験をした人っていうのは、なぜあの時ああできなかったのか、どうして気付いてやれなかったのか、って毎日繰り返し考えていて、これって止められないことなんですよね。その事が、その人にとっては必要なんです。周りが見ていて、そんなふうにしているのを見ていられないから「いいかげんやめなさい」とか「よしなさい」って言ってしまう。例えば、亡くなった人のことを思い出したらかわいそうだから、ということで思い出のものも捨ててしまったり。

もちろん、親戚の関わりがあることも大切なんだけど、より理解する接し方をグリーフワークは提示してくれるものだと思う。家族であっても悲しみかたは違うから、違うことでばらばらになってしまうことってあるんですよ。たとえば落ち込んでしまう人がいたり、泣いてばかりの人がいたり。また、泣いていないからって悲しんでいないわけではないでしょう。その人なりの悲しみ方があるんだよっていう考え方は、人の結びつきを繋いでいくのに役に立つと思う。ダギーセンターにおいては、そういった悲しみの違いについても「そうだよね」って納得できることがひとつひとつ文書になっている（六つの基本的な姿勢）わけです。それが当たり前のようであっても、実際はとても助けられることなんですよね。よりその人を理解するにはどうしたらいいかというのは案外わからないんです、友達のお母さんが亡くなって、どう声をかけていいかわからないとか。グリーフワークには、そのときにヒントになる、結びつきをより強く繋ぐために必要な事もたくさんあるんじゃないかと思います。

――ダギーセンターで確立された理論やスキルなどはアメリカだから通用するというわけではなく、日本や沖縄ということに関係なく、普遍的に機能するものなのでしょうか。

関係ないですね。もちろんひとつひとつのやりかたを強要するつもりはなくて、方法のひとつとしてそれを使っているんですけど、例えば、トーキングスティックを持ちたくないといえば持たなくていいし、輪の中には入らなくてもその場にいさせて、というのでもいいんですよ。ダギーセンターでも、何週間も何もいわないでそこに寝ているだけの子や、ずうっと同じ遊びばかりしている子もいます。その人の力を信じて、それを引き出すという根本的な方向性はどこであってもかわりません。

――いろんな方々との出会いや貴重な体験を通して、現在の大城さんは、死というものに対してどんな気持ちでいらっしゃいますか。どんな気付きを得られたのでしょうか。

自分が死んだら、母が手を広げて迎えてくれると思います。だから、死ぬ事自体は怖くないけど、持って生まれた宿題というか役割を全うできずに、思いを遺して死ぬのは嫌ですね。私は母の死に対して後悔を持っているんです。でも母からのメッセージを受け取って、今こういう活動を「与えられて」「させてもらっている」ように思うんです。「何をなすべきか」を知るということは、「私」であることを知る、ということでもあると思います。

――今までのお話を伺っていて、大城さんがお母様の死で感じられた深い悲しみを見つめ、様々な意味深い出来事を経験して、こういった活動に繋げられてきたという事自体が、大城さんにとってのグリーフワークであり、悲しみが癒される過程であったのではないかな、と思います。最後に、広い意味での「癒し」とはどういった事を表していると思われますか。

今の私に言えるのは「つながり・つながっていくこと」かな。この活動をする中でいろんな人といい出会いをさせてもらって、たくさんのものをもらったし、感じたし、学ばせてもらった。その方々と感謝の気持ちをもって深く繋がっていくことは、わたしにとって「癒し」といってもいいのかもしれません。

それから、なぜ「沖縄で」この活動をしているのか、ということにも通じるんですが、この沖縄という地では、第二次世界大戦で多くの人々が亡くなっていて、その方々の魂や遺族の思いが下地にあると思うんです。だから、私自身が沖縄をとても大切で特別だと思っているのと同時に、この土地に息づいているものが私を動かしたのかもしれません。もしそうなら、私はその「思い」の器として動けたことに感謝します。

私たちだけでなく、沖縄県内のいろんな場所でグリーフワークが広がっていけばいいなあと思っています。そのほかにも、虐待を受けたり親元を離れて暮らしている子供達の精神面でのケアができるといいな、ということを考えています。色々なことに取組みたいとは思っているんですが、その時になればタイミングが巡ってくるかもしれないし、そういった出会いを大切にしてじっくり取り組んでいけばいいのかな、と思っています。

問い合せ先
死別体験をした子どもと家族のサポートセンター　シャンティニラヤ沖縄
ホームページ・・http://www.h4.dion.ne.jp/~shantio1

終章

「死」を受け止める力

私達の多くは限られた能力しか持ち合わせておらず、神や祖先、魂やあの世と呼ばれるようなものを見ることや、その存在を証明することは難しい。それと同じように、「人の気持ち」や「本当の自分」というものもまた「見る」ことが困難なものである。

この世に存在しないはずのものや目に見えないものを疑う事なく信じる心を、私達は確かに失いかけているかもしれない。しかしインタビューを続ける中で、それらを感じる感性はまだ残されているのだという想いを強くした。

今回お話を伺ったのは、それぞれ豊かな行動力と強い精神力をお持ちになって各界でご活躍されている方々だが、お話を伺っている限り、常識を超えた特別な感覚や「超能力」と言われるようなものを持った方はいらっしゃらないように思われた。しかし皆さんが共通して持っておられたのが、目には見えないものに対する想像力と、ひとつひとつの体験を人生の中に意味付け、織り込んでゆき、それを物語る力だった。

上里さんにとっての、身近な人々の死の場面。岡山さんにとっての、老人ホームでの気付き。関戸さんにとっての、八重山の芸能との出会い。田場さんにとっての、キジムナーとの邂逅。玉城さんにとっての、マブイの存在。石川さんにとっての、患者さんとの深いかかわり。大城さんにとっての、お母様の「遺産」とキューブラ・ロス女史との出会い。ひとつひとつのエピソードが、ある時は神話のように、ある時は古く美しい歌のように、ある時はその方の感性そのものが、それぞれ違う力で私をとらえた。それはおひとりおひとりが周りの人々や環境、そしてほんとうの自分自身と繋がっていく力でもあった。その力を手がかりに、私を沖縄にひきよせたものを確かめることができるように思われた。

しかしそれは、「沖縄には伝統的な文化や信仰、あたたかい社会環境や人間関係が残っていて、都会の生活に疲れた心を癒してくれる」というような口当たりのよい理由ではなさそうだった。

琉球新報社の二〇〇一年沖縄県民意識調査報告書によれば、沖縄の伝統的な祖先崇拝についてどう思うかという質問に対して、全体の八七％が「とても大切だ」「まあ大切だ」と回答しており、報告書では「ほとんどの県民が祖先崇拝を大事なものと捉えている」と結論づけている。年代別では、二〇代の八〇・二％、三〇代の八三・二％が「とても／まあ大切だ」と回答している。

しかし、信仰を「大切にする」ということとそれを「信じる」ということは完全に重なるものではない。祖先や魂の存在を心から信じ、行動規範の核とするならば、生活に何か問題が生じた時、人は何よりもまず魂の救済を求めるであろうと考えられる。しかし同報告書においてユタに悩み事を相談するかという問いに対して「よく／たまに相談する」と回答しているのは全体の一九・四％にとどまっており、二〇代で一二・六％、三〇代で一六・九％となって

いる。（引用6）

田場さんもおっしゃっていたように、若い世代の人々は、トートーメーに象徴される伝統的な祖先崇拝を大切で重要なものと捉えながらも、それを心から信じ、昔ながらの慣習をそのままの形で踏襲していくという事が困難になっているのだろう。あるいは、上里さんがおっしゃっていたように、年を重ね、気持ちの持ち方が変化するという事はあるかもしれない。しかし、核家族化が進む社会環境を踏まえると、現在の若い世代が子供を持ったとき、その子供達が、家庭の中で伝統的な風習にどの程度触れることができるのかについては疑問である。

高度経済成長期を経験した日本では、かつて多くみられたような、職場と住居を同一とする家庭は少なくなった。上里さんも憂えておられたように、多世代が同居するという家族形態は解体の一途を辿っており、以前は家事としてなされていた営為のかなりの部分は、現在「サービス業」というかたちで外部化されつつある。私達は金銭を介することによって、食事は外食業へ、洗濯はクリーニング業へ簡単に委託することができる。それだけでなく、介護施設や託児所、人生の節目にある冠婚葬祭の多くも貨幣と交換されるサービスとなった。我々はそういった場所において、「サービスとしての」きめ細やかな心配りや親切な対応を受けることができる。それ自体は歓迎されるべきものであり、新しいケアの形なのだと思う。

しかし、皆さんのお話を聞く中で、病院や介護施設など、精神的なケアこそが重要だと思われる場所で、心のケアというものが大きな問題として存在しているように思われた。そしてそれは多分、日本全体がある程度共通して抱えている問題である。当たり前のことだが、沖縄という場で人生を送るという、ただそれだけで、私達は癒され・安らぐわけではない。

「親密なつながり」と「癒し」について

私が生まれてから二十二年間を過ごしたのは相模原市という土地である。沖縄の人々が「ウチナーンチュ」であるならば、私はさしずめ「さがみっ子」である。神奈川県内においても、鎌倉幕府発祥の地である鎌倉や城下町の小田原、港町の横浜や横須賀に比べるといささか知名度の低い相模原市は神奈川県の北部、多摩丘陵と相模川の間にある相模原台地に位置している。長い間、人が住んでいたのはわずかな地域で、相模原台地には見渡す限り広大な山林と原野が続いていた。昭和に入ると、都心にも近くだだっ広い台地の相模原は、旧日本陸軍により軍都となり、戦後はそのまま基地の町と化した（現在は市の約五％を米軍の施設が占めている）。米軍施設で働く人々が各地から集まって人口が急増し、昭和二九年に相模原市が誕生した。私の実家がある場所は今でこそ住宅地であるが、戦後に父方の祖父が相模原にやってきた頃も民家は数えるほどしかなく、あたり一面林が広がっていたそうだ。

ちなみに私が高校時代を過ごした神奈川県立相模原高等学校は、昭和六〇年に米陸軍医療センターの跡地に開校された。ベトナム戦争当時は、約七〇〇床のベッドが常に満床で、死体を焼くひどいにおいがたちこめ、昼夜にわたり横田基地から傷病兵がヘリコプターで運ばれてきたと言われている。ベトナム戦争終結後にはその機能が大幅に縮小されてゆき、昭和五六年に全面返還が実現した。私の在学中も、米軍飛行機の飛ぶ音でしばしば授業は中断し（そして何事もなかったように再開される）、夜になると兵隊が校舎内を歩いている、という噂が囁かれていた。その他には特筆するべきセールスポイントも問題もない、普通の県立高校である。

文化・伝承ということでいえば「でいらぼっち」の伝説が伝わっている（関東近辺には、この伝承が伝えられているところは多い）。市内のいくつかの池やくぼ地は、「でいらぼっち」が富士山を背負ってきて一休みしたが、休んでいる間に富士山に根が生えて動かなくなり、じだんだした足跡なのだそうだ。

全国的に有名な年中行事はないが、四月か五月に市役所の近くで桜祭りか若葉祭りが行なわれる（毎年「桜祭り」をやるつもりで準備するのだが、桜が満開の時期の週末に土砂降りの雨が降ったり、桜があまりにも早く散ってしまった場合は「若葉祭り」になるのだ）。五月五日には端午の節句行事として大凧をあげる行事がある。相模川の河川敷において毎年五月四〜五日に、自称日本一（大凧約一四メートル四方重さ約一〇〇〇キロ）のを一〇〇人以上の若者がひく。七月には各地で盆踊りがあり、八月には橋本で七夕祭りがある。その他には各地の神社や寺院で一般的な祭祀を行なっている。

那覇や山原（やんばる）や八重山と較べれば、あまりにも特色の薄い地域かもしれない。こう書いただけでもぱっとしない、どこにでもありそうな新興住宅地のように思われるかもしれないが、私はけっこう相模原市が好きだ。他の土地から来た人から見れば個性のない町のように見えるかもしれないが、私はその中にいるとほっとする。それはたぶん、その土地に親密な思い出があるからだ。特徴のない住宅街に住んで平均的な学校に通い、数は少ないが、何人かの親しい友達も作った。春には道端の花を摘んだり、冬には霜柱を踏む感触をたしかめながら歩いた（土が残っていたところも、その多くはコンクリートでならされてしまったが）。三線や踊りの教室はなかったが、そろばん教室や習字教室に通った事や近所の老人ホームの盆踊り大会（「相模原音頭」くらいはある）に行った事は、他愛もないささやかな記憶であるかもしれない。それでも、私の中での思い出のあり方そのものは、岡山さんや上里さんにとっての、石垣島での日々の存在とあまり変わらないものであると思う。

わざわざ観光で相模原を訪れる人は少ないかもしれない。しかし、歴史が浅かろうが、全国に誇れる由緒正しい文化がなかろうが、私自身の思い出には関係ない。

それでは一体、私は沖縄のどこに惹きつけられたのだろう。

少なくとも私は、沖縄に「癒し」や「安らぎ」などを求めて来たわけではない。実際に、沖縄に住んでいるというただそれだけで「こころが慰められた」ことなどない。むしろ、沖縄でずっと育った人々の中で疎外感を感じる事さえあった。「沖縄は、人も環境もあたたかいし、のんびりしていていい所でしょう」と言われても、素直には肯く事は出来なかった。沖縄に来たばかりのころ、ふいに訪れる深い孤独から私を引っ張りあげてくれたのは相模原の家族や子供の時からの友人だった。もちろん今では沖縄に親密さを感じる場所も出来たし、暖かい風を心地よく受け止められることができるようにもなった。確かに「沖縄はいい所だなあ」と思うけれども、それはあくまでも相対的なものであって、「沖縄が一番いい所だ」とは断言できない。「ヒーリングアイランド」であると形容される（時には主張する）沖縄に来ることによって、私にとっては逆説的に、ほんとうに「癒える」こととはどういう事かの手がかりを得たのかもしれない。

今や手垢にまみれてしまった「癒し」という言葉がマスコミに登場しはじめたのは一九八〇年代終わりのことであると言われている。その頃から、文化人類学者の上田紀行氏は「癒し」というキーワードについて鋭い論考を続けている。氏によれば「つながっていること」「ともに在ること」の深い認識は、その場が祭りの陽気な場であれ、末期医療のホスピスの場であれ、「癒し」の核心をなしているが、しかしその「ともに在ること」は、深い孤独を経由してこなければ癒しにはなり得ないという。人間が孤独に直面し、それに引き裂かれながら「つながり」を見出していくこと、そこにこそ「癒し」があるのであり、現代はあまりにもお手軽な癒しが蔓延しているとしている。（引用7）ただ痛みを受け入れ、傷ついた自分を肯定し、傷つけ合う事を慎重に避けながら、つながりを確認するだけの作業は本当の「癒し」ではない。

相模原市で、幼馴染のお父様が亡くなったのは三年ほど前のことだった。告別式の時、私はその友人に何も声をかけることができなかった。彼女のお父様には幾度となくお世話になり、子供のころから中学校までを一緒に過ごした大切な友人であるにもかかわらず、むしろ、それだからこそ混乱して何も言うことができなかったのだ。その出来事以来、連絡を取りづらくもなってしまった。彼女のお父様の死と同時に私達二人のそれぞれ一部分も死んでしまった。私達は深い断絶を経験した。

数年の時が流れ、その友人に「あの時は何も言えずすまなかった」「自分も混乱し、悲しみを感じていた」ということを拙い言葉で伝えることができたのは、インタビューのほとんどを終えた、つい最近のことであった。するとその友人は「あの時、小さい頃からの友達数人にきてもらってとてもうれしかった、なぐさめられた」と言ったのだった。その言葉は私達の関係を深く強いものにし、私はとても癒される想いがした。大城さんがおっしゃっていた「おおきなものをもらっている」とはこういう事だったのかと感じた。どんな形であれ、心の奥深いところで何かを共感・共有することというのは、日常生活を送る上であまり数多くあることではない。しかしそういう事を感じられる時にこそ、人との間で生きている、という実感をもつことができる。我々にストレスを感じさせるのも人間関係であることが多いが、また癒され、勇気づけられるのも人とのつながりの中なのだ。

哲学者の鷲田清一氏は「弱さのちから」という著書の中で、次のように述べている。

「他者の気持ちのあて先であるということ、言いかえると、他者のなかにじぶんがなんらかのかたちである意味のある場所を占めているということ、このことを感じることで、生きる力が与えられるというのはわかりよいことである。いくつになっても恋愛という関係に焦がれ、日々の仕事を措いてもボランティアに出かけるというのは、そこで、じぶんでなくてはという想いがじぶんを占めるからである。だれかある他人にとってじぶんがなくてはならないものとしてあるということを感じられることから、こんなわたしでもまだ生きていていいのだ……という想いがそっと立ち上がる。」（引用8）

私達は不完全な存在であり、人に迷惑をかけずに生きていくことはできない。だからこそ「他者の気持ちのあて先であるということ」は自分が生きていくこと、存在し続けることへの強い肯定である。私達人間は、それがどんな文化を持っている場所であれ、言葉ではいえないような想いをじわりと共有できる親密な人間関係をつくっていくことを本能的に渇望しているのかもしれない。

その土地に生きるということ――宮良の結願祭

二〇〇二年一〇月二〇日、宮良で結願祭が行われた。盛大に行うのは九年ぶりだという。キチィガン（結願祭）は、オーセーで執り行われる。オーセーとは、人頭税時代の番所で、現在は祭祀の中心となっているお宮である。六世紀の初頭から琉球王府の機構に組み込まれた八重山諸島は、薩摩の琉球制圧により二重の苦しみをなめることになる。特に人頭税時代（一六三七〜一九〇三）は極端に貧しく、作物の豊凶は運命共同体にとって直接死活につながるほどの重大事であった。人知を尽くして努めても天災、鳥獣、虫による被害などで無に帰してしまうことを経験してきた者のなすべきことは、ひたすら祈ることであり、その時代には毎年結願祭が行われていた。結願祭は村人の幸福、繁栄、農作物の豊穣、疫病災害の排除など息災祈願、旅行願、戦時中には出征兵の戦勝祈願等がなされた。キチガンは祈願の総まとめ、願い納めの儀礼であると同時にムラングトゥ（村中総動員で動く行事）といわれ、村中の人々に役が割り当てられていた。

やがて明治三六年に同税が廃止されて以後はネ（子）トラ（寅）ウマ（午）トリ（酉）の年いわゆるカンドウシィ（神年）に行われて現在に至っている。

前日に司の方々によって各御嶽に祈願がなされ、（夜篭り）嶽々の神々をオーセーに迎えて行事が行われる。オーセーには神酒や「花」と呼ばれる米、二頭分の牛クバン（牛肉の供物）の他、様々な作物が供えられていた。

村を廻る行列（ジョウリキイ）は、先頭に旗頭、弥勒（ミルク）、棒術、踊りの順で練り歩く。八重山諸島の祭りに現れるミルクは見るからに福福しい顔をしている。仏教にいう弥勒は直接五穀と関わりをもつ仏ではないが、八重山では弥勒をニライカナイから豊穣をもたらす神とし、その神を迎えるさまが演じられるのだ。深紅の衣装を身に着けた少女達を伴って、木漏れ日を浴びながら、ミルクはゆるりゆるりとオーセーの庭に入ってくる。オーセーにしつらえられた舞台にかかる麻の幕には黒字に鶴や松などのめでたい柄が染め抜かれており、とてもシックで美しい。昭和五年に婦人会の方々が寄付した、歴史のある貴重なものなのだという。幕の裏側には楽器を演奏する方々がずらりと並んでおり、やがて舞台で芸能が披露される。私は祭りの場にいることが本当に好きだ。歌われている歌や踊りの意味がよくわからなくても、旗頭を担ぐ男性の気迫や舞台の上で舞っている人の緊張感は伝わる。やがて日が翳り、ふるまわれた泡盛の酔いも回ってきて、最後にはモーイ（乱舞）になった。祭りが盛大に行われたことへの嬉しさや喜び、お開きになってしまう名残惜しさ、村を愛する気持ちがないまぜになっているのが感じられて、心が激しく揺さぶられる。

作物の稔りはある程度まで人間の力で管理することができるようになった現代において、私が五感で感じた祭りはその地で生きる喜びの結晶であるように思われた。子供達の鼓笛隊やエイサー、お母さん方の食事の差し入れ、男性陣の舞台設営、神役のお年寄の祈り、お祭りをみんなで楽しもう、成功させようという気持ち。ひとつひとつの役割は微妙に変化したり、削減されたかもしれない。しかしそれぞれの年代に必要な役割がきちんと存在することで、そこで生きることの確かさを持つことができる。昔のように、文字通り全員が参加したわけではない。仕事の事情などで参加できなかった人々ももちろんいる。それでもみんなが祭のことを気にかけているのがよくわかった。

宮良で使われている言葉や歌、祭りの中での仕草、儀礼は私にとってわからないものだらけだった。その意味を、せめて感じ取ろうと集中し、想像した。そのひとつひとつの意味は、自分で調べたり、周りの人々に教わる事で少しずつわかるようになっていった。しかし、調べようと思わなくても感じ取れたことがある。それは、祭りや行事によって皆が繋がっている、繋がりを感じられるという事だった。それは場合によっては、お盆や葬送儀礼の中での「死者との繋がり」でもあった。

死を認めることで生まれるもの

果たして、自分の死は自分だけのものなのだろうか。その答えはイエスでもありノーでもある。もちろん我々は「自分の死」しか体験として死を感じる事は出来ない。しかしその時に様々な感情が生まれるのは我々がひととの間で生きているからだ。個人の死は、それが周囲の人々に感知されてゆく過程において喪失感と共に多くの物語を残し、それはやがて残された者の一部となって再生する。そのプロセスそのものが「死」なのかもしれないと思う。

あらゆる生物の中で、人間だけが「自分は死ぬ」という事を自覚しながら生きてゆかねばならない。それは非常に過酷な試練であるとも言える。しかし石川さんが言うように、はてに

「死」があるという自覚を持ったときこそ、ただ一度手にした「生」の素晴らしさがみえてくる。そして、限られた時間の中での出会いを喜び、大切にしようという気持ちも生まれる。

葬送儀礼のあり方は社会の変動とともに少しずつ変化していくだろう。しかし、これからも変わることはないであろう部分もある。それは、生者が死者との関係を何らかの形で保とうとし、両者のいのちや儀礼に意味を与え、日常の生活を秩序あるものにしようとすることである。玉城さんがおっしゃるように、沖縄で古くから行われてきた様々な儀礼には、亡くなった人を想う気持ちがこめられており、同時に残された人々の心をなぐさめるものでもあった。今後、葬送儀礼のいくつかの段階やしきたりが省かれ、形が変わっていったとしても、儀礼そのものが無くなることはないだろう。

日本人の信仰を見つめ続けたラフカディオ・ハーンは、盆の習俗をこそ日本人の死生観の中核と考えていた。日本という国において、死者はたんなる死者ではない。彼らはあたかも生きている者のように、折りにふれて子孫のもとを訪れ、子孫は死者を生きているもののように迎える。そして古くから続く、その観念は簡単になくなることはないだろうと述べた。(引用9)

葬送儀礼は、生者同士であった時の関係を、生者と死者という関係に再構築し、それを維持していくためのものだ。そして三回忌や七回忌は、死者を弔うと同時に生きている者同士の精神統一をし、関係を確かめ合うためのものでもある。それらのことをふまえた上で私たちは、生きている間の人間関係や葬送のあり方を、もう一度見直していくことも必要になってくるだろう。

沖縄という地の力・ゆるやかな宗教性

昔の人々は自分達が信じるものを「宗教」だと意識することなしに、祭りや儀礼のなかで確かめ合う、完結したミクロコスモスの中に生きていた。その中では当たり前のように、死という出来事を迎え、死者を見送るしきたりが作られていった。しかし現在、私達が生きる社会には外部の様々な情報がおびただしく流入してきており、人々の世界観や価値観は多様化している。伝統的な世界観は多くの場所で相対化されて、拡散するか、場合によっては迷信と捉えられている。すべての人々が全く同じ精神的基盤を持つことはほぼ不可能になった今、私達は極めて個人的な作業によって死生観や世界観を構築しなければならない。

ましてや現代は、医療の倫理やターミナル・ケアのあり方など、命をめぐる様々な問題が山積している時代である。考えようによっては、現代こそ死生観の構築が求められる時代はなかっただろう。

例えば、眉をひそめる人々の存在を知っていても、再生医療や移植技術を高めるために遺伝子操作やクローンの研究をしている人々がいる。病に冒されている家族への臓器移植を切実に待つ人がいる一方で、脳機能が停止したというだけでは、温かい血液が脈打っている肉親の死を受け入れられない人たちがいる。何としてでも子供が欲しいと、あらゆる技術に夢を託す人たちがいる。同時に、自分の人生を守るために、堕胎を選択する人がいる。生まれつきの障害を背負いながらも、誇りを持って生きている人たちがいる事を知りつつ、自分の持つ病気が子供に遺伝しないことを祈りながら出生前診断を受ける人々がいる。それは紛れもなく、医療技術が発達した現代において、「それぞれがよりよく生きること」の追求である。彼らを責める権利が誰にあるというのだろう？

必要なのは、その決断を下すことによって現在活動している命や生まれてくる命に幸せをもたらすか、そしてその決断をしたことの責任やリスクを負う精神力だ。もちろん、その決断によって心に傷が残ったとき、それをケアするシステムも必要である。そして今、一番問題なのは、それらの事柄の前に私達が立ちすくんでいることだ。

昔の人々にとって命は「授かる」ものであり、天に「召され」るものだった。しかし現在はそうではない。新しい命は「つくる」あるいは「つくらない」ものであり、その幕引きも家族が「決断」したり医師が「判断」するものになった。たぶん今我々は、命というものに対しての想像力の弱まりに苦しんでいるのだと思う。その欠落は、人の命の重さや人の痛みへの想像力の欠如を連鎖的にひきおこしている。

沖縄には綺麗な海や山が多く残っていて、長い間そこに住みつづけ、文化を受け継いできた人々がいる。美しい海や熱帯の森に出会えば心が洗われ、賑やかな祭を見れば忘れかけていたような心のざわめきと高揚を感じることはある。それは確かに、自分の人生に一種の「澄み」をもたらすものでもあり、貴重な体験である。でも、私を本当にひきつけた沖縄の磁力は、そのように言葉で言い表せるものではない。関戸さんの言葉を借りるならばそれは、不思議なものの存在が肯定されているんだ、と感じさせてくれるものであり、死んだら何もないというよりは「もうすこし楽な感じ方」をさせてくれる〝余地〟である。

ブーゲンビリアの下で感じた空気のうごめきや死の匂い、一見しただけでは意味がわからない儀礼、そして村の人々の気持ちひとつの方向に向かっているのを感じる瞬間。

私はそれらのひとつひとつに生きていることの不思議さを感じ、根源的な想像力をよび起こされるのだ。その意味で、宮良という土地はとても刺激的な場所なのである。

沖縄に住んでいるというだけではひとくくりにできない、しかも数値では測りきれない多様な死生観が存在している。現代に生きる我々全員が、全く同じものを信じることはおそらくありえないだろうし、死というものへの全く同じイメージを全員が共有することもないだろう。

それでも私達には、古代の人々が物語を生み出し、わかちあった力が残されていると信じている。

注

注1・クバ（蒲葵）和名ビロウ。ヤシ科の常緑性植物。亜熱帯性で、琉球列島、台湾、南中国などに自生している。沖縄では聖域に生えていることが多い。

注2・豊年祭（プール）今年の豊かな実りを神に感謝し、来年の豊穣を願う収穫感謝祭。「穂（プー）」を「取る（トゥル）」が語源と言われている。

注3・アカマタクロマタ儀礼　西表島古見・小浜島・石垣島宮良・新城の上地島において、旧暦6月の豊年祭に行われる儀礼。戒律の厳しい秘祭であるため、神謡の意味や起源などには諸説あるが、草を纏った神が毎年人々に豊穣を授けるために村を訪れるという本筋はどの村でも変わらない。宮良では赤と黒の仮面神が出現し、一晩のうちに全戸を回る。この晩には村の人々が親戚や友人の家を互いに訪問し、それぞれの家で異なる、神の謡と舞を見る。写真撮影や録音は禁止されている。

注4・草装神　一般的に、草や木の葉を身に纏って人々に祝福を授ける神。草を身に付けることは人間と神とを分け隔てる印と言える。琉球列島における草装神儀礼には、大きく分けて、男性が草を身に付ける沖縄本島のシヌグ、宮古島島尻、狩俣のパーントゥ、石垣島川平のマユンガナシ、西表島古見などのアカマタクロマタなどと、年中行事の中で特に来訪神に関する祭りの際に神女達が草木を手にしたり、草冠を被ったりして行うものの二系統があるといわれている。

注5・ニロウ　この世とは別の世界。神々の住む世界、あるいは異郷。地域などによりその呼称は異なり、ニライカナイやニーラなどとも言われる。海の彼方にひろがる神々の国、または地下にある他界など様々な解釈がある。

注6・バガージマヌパナス　わが島のはなし　池上永一　文芸春秋社　1998年。沖縄諸島のある島で、親友のおばあと気ままに暮らす少女・綾乃はある日、ユタになれとの神のお告げを受ける。神に反抗して神罰を当てられたり、古参のユタと騒動を起こしたりしながら、やがてユタになるまでを描いた物語。第6回（1994年）ファンタジーノベル大賞受賞作。

注7・ダートゥーダー　小浜島の結願祭で踊られていた仮面芸能。尖った鼻を持つ、黒々とした面を被った四人の演者が、銅鑼の音に合わせて踊る。棒を高く突き上げたり、互いに指差しあうなどの独特な仕草が特徴。結願祭では北集落の「弥勒」に対して南集落からダートゥーダーが演じられていたが、間が抜けているなどの理由で1926年に封印された。それ以来、南集落からは「福禄寿」が登場している。しかし他に類を見ない、小浜島特有の芸能であるダートゥーダーの復活を願う声も多く、2001年の結願祭で神事芸能

として五七年ぶりに再現された。

注8・種取祭 旧暦9月か10月の甲申の日に、竹富島で十日間にわたって行われる盛大な祭り。稲を保存している場所から取ってくるための農耕行事。7日目、8日目に奉納芸能が行われ、ミルク（弥勒）の行列、狂言、舞踊、組踊りなどが行われる。

注9・ムシャーマ 旧暦7月14日（盆の中日）に波照間島で行われる。豊作の感謝と予祝の行事。村を東・前・西の三組に分け、仮装行列の後、それぞれの組によって棒踊り・太鼓・念仏踊り、狂言など多彩な民俗芸能が繰り広げられる。別名「7月のユーニゲー」。ユー（豊穣の世）を願い、仮装して歌い踊り楽しもうという意味だが「ムシャーマ」の語源は不明。

注10・チョンダラー エイサーにおける道化役。顔を白塗りにした独特の化粧をし、指笛を鳴らすなど、観客を盛り上げると同時に、全体を統率し、エイサーの列や調子を整える役目も負っている。そのため、年長者やエイサーに長けた者が担うことが多い。もともとは人形遣いや葬式での念仏歌を生業としていた流浪の芸能集団をチョンダラーと呼んでいた。

注11・諸鈍芝居 奄美大島にある諸鈍地域の大鈍神社（おおちょんじんじゃ）で、旧暦9月9日に行われる国指定の重要無形文化財。同神社には平家の落人平質盛（すけもり）が祀られており、その霊を慰めるためにおよそ800年前に始まったものといわれている。出演者は全員男性で、神面（カビラ、カミズラ）を被り、囃子にのって踊る。十四余りの演目が残っているという。

注12・シヌグ 旧暦7月に沖縄本島北部で行われている祭り。男性が蔓草や木の枝を身につけて神になり、集落や家々から災厄を追い出して祓い清める。祓いを終えた後、男性は海浜へ行って蔓草や枝を取って海に流す。その後、婦人達によるウスデークがある。

注13・ウシデーク（臼太鼓）村落の御願所、御嶽に神々を迎えて踊る、女性だけの野外円陣舞踊。シヌグやウンジャミなどの祭りの後に、五穀豊穣や繁栄に感謝して広場で踊られる。沖縄本島や周辺離島に分布している。

注14・MRSA メチシリン耐性黄色ブドウ球菌。院内感染を引き起こす原因菌。

注15・水撫で 人間の生命の再生や若返り等を願い、眉間や胸に水をつける事

注16・サン ススキなどの葉の先端を結んで呪具としたもの。

引用

引用1・『自分の人生に出会うための言葉 ローマ皇帝マルクス・アウレリウスの人生訓』マーク・フォステイター池田雅之・高井清子訳草思社 2002

引用2・弧琉球叢書4『南島祭祀歌謡の研究』波照間永吉　砂子屋書房　1999

引用3・藤田みさお「来世を信じることは死の不安をやわらげるか——ガン医療の現場から」カールベッカー編著『生と死のケアを考える』法蔵館　2000

引用4・大林太良『葬送の起源』中央公論社　1997

引用5・岡田安弘「医師に求められるもの」カールベッカー編著『生と死のケアを考える』法蔵館　2000

引用6・沖縄県民意識調査報告書　琉球新報社　2002

引用7・上田紀行『癒しの時代をひらく』法蔵館　1997

引用8・鷲田清一『弱さのちから』　講談社2001

引用9・小泉八雲『日本——一つの試論』小泉八雲訳　恒文社　1976

参考文献

酒井卯作『琉球列島における死霊祭祀の構造』第一書房　1987

日野原重明『死をみつめ、今を大切に生きる』春秋社　2002

柏木哲夫『癒しのユーモア』三輪書店　2001

池田雅之『小泉八雲の日本』第三文明社　1990

多田富雄・山折哲雄『人間の行方』文春ネスコ　2000

医療人類学会『文化現象としての医療』メディカ出版　1992

木村利人『自分のいのちは自分で決める』集英社　2000

佐々木宏幹『こころを癒す——信仰と精神医学』同朋社出版　1988

波平恵美子『いのちの文化人類学』新潮選書　1996

宮田登・新谷尚紀『往生考』小学館　2000

宮良村誌編集委員会『宮良村誌』宮良公民館　1939

芹沢俊介『経験としての死』2003

鷲田清一『死なないでいる理由』小学館　2002

外間守善『海を渡る神々』角川選書　1999

赤田光男『祖霊信仰と他界観』人文書院

あとがき

沖縄で暮らし始めて三年の歳月が流れた。最初は様々な面でとまどう事もあったが、たくさんの魅力的な方と楽しい時を過ごすことができて、以前より沖縄のことが好きになった。

以前から興味を持っていた土地に実際に住んでみることで、その場所についてより多くの事を吸収できたのは言うまでもないことだが、何よりも、人々の息遣いや生活の雰囲気を感じることで、沖縄に少しずつ自分の体が馴染んでいくのが分かって嬉しかった。また、書物を中心に学んできた沖縄の文化というものを、それを担っている人々を知ることによって、厚みをもった立体的なものとして実感できるようにもなった。

この春、私は職を辞して沖縄を離れ、大学院に進学することを決めた。大学院では、この三年間で得た貴重な体験を糧に、改めて沖縄の文化について学び直したいと考えている。

今回この原稿をまとめるにあたっては、一介の会社員が、沖縄の文化について記述することに躊躇がないわけではなかった。一言で「沖縄の伝統的な文化」と簡単に書くことはできても、その定義や内容については現在も多くの優れた論考が発表され続けているからだ。迷いながらも始めた取材であったが、何よりも私を力づけてくれたのは、おひとりおひとりのインタビューの中で語られた言葉であった。それらは紛れもなく、その方の中での真実であった。私は、それらの物語を受け止め、誠実に向き合わなくてはならないと思った。そしてその作業を通して、沖縄の輪郭を再構築する「ものさし」ぐらいは持つことができたような気がしている。

人選をするにあたっては、以前から面識のあった方をはじめ、友人の紹介などを介してお会いすることのできた方々である。また、琉球新報社の高江洲洋子さんにもインタビューイのご紹介をいただいた。

もちろん、この書に収録できた一人ひとりのお話は、きわめて限定されたものとならざるを得なかったこ

なければならない。

とをお断りしなければならない。しかし少なくとも私達に残された、目に見えないものを感じる感性や、生命について想いやるこころのはたらきを描き出すことはできたのではないかと思っている。

二年あまりの作業の末にここまでたどり着いたこの本の刊行にあたっては、多くの方々にお礼を申し上げなければならない。

まず、何をおいてもインタビューを快く引き受けて下さった7人のインタビューイに感謝したい。そして、編集作業をして下さったボーダーインクの新城和博氏にも心からの感謝を捧げたい。新城氏にはこの本の構成からひとつひとつの言葉のニュアンスに至るまでひとかたならぬお世話になった。油断するとすぐに長くなってしまいがちな私の文章が少しでも読みやすくなっているとすれば、新城氏の細心のチェックによるところが大きい。また、執筆を勧めて下さった宮城正勝氏をはじめとする、ボーダーインクの方々にもお礼を申し上げたい。そしてこの本が、ご期待に添えるようなものとなっていることを祈りたい。

琉球新報社の三木健氏には、執筆者の先輩として的確なアドバイスをいただいた。また、国吉真太郎氏には多数の美しい写真を提供していただいた。未熟者の社員を見守って下さった、お二人を始めとする琉球新報社の皆様に感謝したい。

叔父でもある、石垣市役所の宇保安博氏とそのご家族には度々お世話になっている。同市役所の嵩原忠明氏には、宮良の結願祭の写真をお貸しいただいた。宮良の皆様にも心より感謝申し上げる。

早稲田大学の池田雅之教授には、卒業後も多くのサポートをいただいている。先生の励ましがなければ、この研究を粘り強く続けることは出来なかったと思う。相変わらず不出来な教え子ではあるが、お力添えに少しでも報いる事が出来ていれば幸いである。また口絵を提供してくれた友人の柏原裕子と、家族にも感謝を述べたい。そして最期まで私を見守ってくれ、五月末に他界した祖父の太田春蔵にも感謝の念を表したい。

不思議な魅力を持つ沖縄の文化を、これからも見つめ続けていきたいと思う。

二〇〇四年　小満芒種の季節　　太田有紀

太田 有紀（おおた・ゆき）
1979年　神奈川県生まれ
2001年3月　早稲田大学社会科学部卒業
2001年4月から2004年4月まで　㈱琉球新報社勤務
2004年4月　法政大学大学院 国際日本学インスティテュート入学

2001年　第3回『猿田彦大神と未来の精神文化』(サルタヒコフォーラム主催)
研究助成受賞（提言の部）
「沖縄の民間信仰に探る　その死生観」

ばさないBOOKS③
死を想い 生を紡ぐ
「沖縄の死生観」論考とインタビュー

2004年6月25日　第一刷発行

著　者　太田　有紀
発行者　宮城　正勝
発行所　㈲ボーダーインク
沖縄県那覇市与儀226-3
TEL.098-835-2777
FAX.098-835-2840
http://www.borderink.com
印刷所　㈲でいご印刷

ISBN4-89982-063-1 C0039 ￥1600E

ばさないブックス　シリーズ

●「ばさない」とは、芭蕉（ばなな）のこと。沖縄に関するユニークなテーマを、ひとつしぼって解説・論考するシリーズです。

ばさないBOOKS①

カチャーシーどーい

黒潮文化と乱舞の帯

仲宗根幸市

カチャーシーは沖縄文化の真髄だ。海をこえ、時をこえてぞめく「乱舞」の世界を、島唄研究の第一人者が熱く語る。

定価1200円+税

ばさないBOOKS②

池間民俗語彙の世界

宮古・池間島の神観念

伊良波盛男

独特の祭祀、生活文化をもつ「池間民族」に伝わる民族語彙と神観念を池間島生まれの詩人が情熱的につづる。

定価1200円+税